Beziehungsratgeber

Beziehung retten, Partnerschaft stärken und für immer glücklich sein.

1.Auflage

Giuliana Ruder

Inhaltsverzeichnis

Vorwort

Wer sie einmal gefunden hat, möchte sie nie wieder hergeben: Die große Liebe! Sie ist eines der schönsten Dinge, die einem Menschen im Leben passieren kann. Manchmal lässt sie auf sich warten, aber manchmal kann sie auch schneller als gedacht in ein Leben treten.

Doch wo Sonne ist, kann auch irgendwann der Schatten die Gefühle trüben. Oft kommen sogar Gedanken auf, ob es überhaupt noch einen Sinn macht, für den einst so geliebten Partner da zu sein.

Finden Sie sich in diesen Zeilen wieder? Haben Sie schon einmal eine solche Situation erlebt? Sind Sie unglücklich in Ihrer Beziehung, aber bereit, für Ihr Glück zu kämpfen, das Sie noch nicht aufgegeben haben?

Dann wird dieses Buch ein treuer Begleiter und Helfer für Sie sein. Hier erfahren Sie alles, was Sie über Liebe und das Auffrischen einer Beziehung wissen müssen. Erinnern Sie sich an die alten Zeiten und vergessen Sie nicht, dass derlei Gefühle nie selbstverständlich sein sollten. Sie sind nicht nur da, sondern ein Geschenk, das äußerst wertvoll, aber auch zerbrechlich ist.

Erkennen Sie die Alarmsignale und kämpfen Sie. Es gibt unzählige Wege und Möglichkeiten, um Ihre Beziehung aufzufrischen und alten Erinnerungen auf die Sprünge zu helfen. Entdecken Sie neue Vorlieben und Freuden, die noch völlig neu für sie sind. Es kann wahre Wunder wirken und Ihre Beziehung in einem ganz anderen Licht zeigen. Die Liebe hat so viel zu bieten. Auch Sie können es entdecken: gemeinsam mit Ihrem Partner, aber bitte niemals im Alleingang!

Oder zweifeln Sie manchmal daran, ob es das große Glück in der Liebe wirklich gibt? Das brauchen Sie nicht, denn Sie können sich einer Sache mehr als sicher sein: Glückliche Paare gibt es überall auf der Welt und auch Sie können dazugehören. Sie dürfen die Hoffnung nicht aufgeben und die Dinge ändern, wenn Sie unzufrieden sind. Es gibt immer einen Weg, der wieder die guten Tage zurückbringt.

Manchmal kann dieser Pfad auch ganz besondere Formen annehmen: Wussten Sie, dass Ernährung einen großen Einfluss auf Glücksgefühle und eine zufriedene und ausgeglichene Partnerschaft hat? Dann lassen Sie sich in eine ganz besondere kulinarische Welt entführen, die Sie so vielleicht noch nie betreten haben.

Legen Sie die Selbstverständlichkeit ab und geben Sie der Wertschätzung mehr und neuen Raum: für sich und Ihren Partner!

Mit diesem Ratgeber gehen Sie neue Wege und sind bereit, für Ihre Liebe und Zukunft zu kämpfen. Denn schon allein die Tatsache, dass Sie soeben diese Zeilen lesen, steht dafür, dass Sie die Hoffnung noch nicht aufgegeben haben und an alte und wunderschöne Erinnerungen anknüpfen möchten. Dieser Entschluss ist wunderbar und bedeutet viel mehr, als Sie es sich in diesen Sekunden vielleicht vorstellen können.

Nun tauchen Sie ein in die Welt der Liebe! Am Ende werden Sie Erkenntnisse haben, die Sie nie für wahr empfunden hätten. Doch es gibt sie wirklich und Sie sind kurz davor, den wohl wichtigsten Schritt zu gehen. Es lohnt sich immer, für die Liebe zu kämpfen und sie als etwas von unschätzbarem Wert anzusehen: jeden Tag aufs Neue!

1) Kapitel: Die Partnerschaft

Der erste Blick, das erste kurze aufgeregte Gespräch, das erste Date, dann der erste Kuss: So beginnen die ganz großen Gefühle und so entsteht die Liebe, die nie endet (zumindest wünschen es sich die Frisch verliebten). Sie schweben auf Wolke 7 und können sich nicht vorstellen, dass dieser Höhenflug irgendwann endet.

Wie auch: Sie haben Ihren Traumpartner gefunden und eines ist völlig klar: Sie geben ihn nicht mehr her, egal was auch kommen mag. Sie verbringen schöne und unvergessliche Stunden mit Ihrem Partner. Vielleicht entscheiden Sie sich für die Ehe, lang ersehnte Kinder erblicken das Licht der Welt und Sie haben alles, was Sie sich schon immer gewünscht haben. Sie sind glücklich und nichts kann Ihnen diese Gefühle mehr nehmen! Es wird sich nie mehr etwas ändern: Sie haben das große Glück gefunden und Ihre Träume sind endlich wahr geworden.

Dennoch gibt es einen Umstand, gegen den Sie sich nicht wehren können, ob Sie möchten oder nicht: die Zeit. Unaufhörlich geht diese an Ihnen vorüber und der Alltag schleicht sich ein.

Auch wenn Sie niemals damit gerechnet hätten, so scheint Ihnen dieses Vergehen nicht gut zu tun ... Das Rad des Glückes hört mit einem Mal auf, sich zu drehen. Es kommt zum Stillstand und dieser wird dieses Mal nicht durch die große Liebe ausgelöst, sondern durch ein anderes Gefühl: Bin ich noch in einer glücklichen Beziehung?

Die Gründe für die zuvor beschriebenen Gedanken können zahlreich sein. Manchmal liegt es an dem großen Alltagsdruck. Termine müssen eingehalten werden, im privaten oder beruflichen Bereich. Viele Dinge im täglichen Leben laufen nur nebenbei, obwohl genau dies eigentlich nicht passieren sollte. Die Selbstverständlichkeit macht sich breit, bis sie irgendwann einen festen Platz einnimmt und sich pudelwohl in Ihrer Mitte fühlt. Doch es kann auch sein, dass der Stress des Lebens nicht unbedingt der Grund ist. Auch das Gefühl, dass immer alles jeden Tag gleich ist, kann viel zerstören und sich belastend auf jede Beziehung auswirken.

Sie haben das Gefühl, dass Ihre Beziehung „festgefahren" ist und sich nichts mehr verändern wird, sei es in Alltagsdingen oder im Sexleben. Dies sind nur zwei Gründe, die dazu führen können, dass „frischer Wind" unbedingt nötig ist, bevor es für diese Brise viel zu spät ist und nichts mehr gerettet werden kann.

Auch wenn die Zeit nicht immer als ein Freund und Helfer zur Seite steht, so darf diese nicht die Oberhand gewinnen und die negativen Gedanken an die Spitze lassen.

Denn auch, wenn es kaum zu glauben ist: Eine Liebe bedeutet auch Arbeit. Nur wer Gefühle und Wünsche pflegt, kann dauerhaft das Glück sehen und von einer harmonischen und schönen Beziehung sprechen und profitieren, die wahrlich die Zeit überdauern kann. Denn was alle Märchen der Welt uns immer wieder versuchen zu übermitteln, gibt es wirklich und jeder Mensch kann es erfahren, wenn er die nötige Geduld und auch Gefühle mitbringt.

Dabei können es durchaus schon die kleinen Gesten sein, die eine ganze Menge bewirken können. Es müssen keine großen und teuren Geschenke sein!

Diese regen nur dazu an, für eine lange Zeit wieder Ruhe einkehren zu lassen und auch dieser Weg kann ganz schnell die falsche Abzweigung nehmen. Bevor dies passiert, heißt es innehalten und lieber nur zu den kleinen Dingen zurückzukehren.

Zuneigung und Pflege der Liebe sind zwei der wichtigsten Grundpfeiler einer jeden Beziehung. Sagen Sie Langeweile und schlechten Gedanken den Kampf an und lassen sie diese gar nicht erst aufkommen. Wenn Sie Zuneigung und Pflege hegen, werden sie niemals in Vergessenheit geraten und die Liebe hält ein Leben lang, bis der Tod Sie scheidet!

Aber was, wenn alles dies im Strudel des Lebens verloren gegangen ist und Sie nicht mehr wissen, wie Sie wieder zu vergangenen Glücksmomenten zurückfinden können? Alles scheint plötzlich so leer, als hätte es die ganz großen Gefühle von Ihrem ersten Treffen niemals gegeben. Verzagen Sie nicht, der richtige Weg wartet schon auf Sie und kann Ihnen genau das zurückgeben, was Sie auf Ihrer Liebesreise irgendwann verloren haben!

Kurze Grundlagenübersicht

Was die Liebe und Beziehung ausmacht, wissen Sie jetzt schon. Aber wie gestaltet es sich mit den Grundlagen? Was sind die Eckpfeiler einer langen und glücklichen Bindung, die auch alle Tiefen überwindet? Es gibt drei grundlegende Meilensteine, die Ihnen auf Ihrer Reise begegnen und die es gilt, gemeinsam mit Ihrem Partner zu ergründen.

1. Bedeutung

Sicherlich haben Sie eine feste Vorstellung, wie Ihre Beziehung aussehen soll. Hier spielen Freizeitgestaltungen, aber auch Respekt, Achtung und Sicherheit eine große Rolle. Auch wenn der Wunsch nach einer festen Rollenverteilung besteht, ist es etwas, dass nur in gegenseitigem Einvernehmen gut funktionieren kann.

Ganz gleich, wie also Ihre Gedanken aussehen: Lassen Sie es Ihren Partner wissen und nehmen Sie sich seiner Meinung an.

2. Lebensziel

Träume sind wichtig. Jeder Mensch sollte einen Traum haben. Ob dieser erreichbar ist oder nicht, spielt dabei erstmal keine so große Rolle. Ähnlich ist es natürlich in einer Beziehung: Auch hier sind Träume und Ziele von großer Bedeutung.

Jetzt gehen Sie mit Ihrem Partner gemeinsam durch das Leben. Was gibt es Schöneres, als mit ihm zusammen einen großen Traum zu verfolgen? Dies kann z.B. eine Reise sein, oder vielleicht das eigene Haus.

Das stetige Verfolgen dieses gesetzten Ziels und der große Wunsch, irgendwann genau dies zu erreichen, stärken jede Beziehung und stehen für großes Glück und Zusammenhalt. Denn nicht immer ist es möglich, die großen Vorstellungen auch in die Tat umzusetzen. Kleine Niederlagen können das Erreichen noch schwerer machen, aber dann ist jemand an Ihrer Seite, der Ihnen Kraft und Halt gibt!

3. Eine gute Kommunikation

Die letzte, aber vielleicht bedeutendste Grundlage ist die Kommunikation! Reden ist in einer Beziehung von unschätzbarem Wert. Sei es das tägliche Gespräch am Frühstückstisch, oder das Klären von Problemen, die natürlich in jeder Liebe einmal vorkommen. Gerade im zweiten Fall ist es wichtig, nicht zu schweigen.

Unstimmigkeiten passieren und es ist wichtig, den Mut zu haben, sie auch auszusprechen. Wenn dies nicht passiert, können aus kleinen Dingen, die nicht an den Partner herangetragen werden, schnell große Probleme werden, die alles in Scherben legen. Was in diesem Moment für Sie vielleicht unfassbar klingt, ist jedoch leider eine Gewissheit. Missverständnisse und Sorgen belasten immer und sie sind es nicht wert, länger als nötig getragen zu werden.

Genauso sollte das alltägliche Reden auch in einer langjährigen Beziehung nicht vergessen werden. Oftmals schleicht sich dort der Alltag ein und es wird nur noch über die nötigsten Dinge gesprochen. Verfallen Sie nicht in diesen Trott! Zeigen Sie Interesse und sprechen Sie Ihren Partner direkt an. Fragen Sie ihn nach seinem Tag oder was er morgen geplant hat. Machen Sie Komplimente und seien Sie dankbar. Ganz gleich: Sprechen Sie mit ihm und pflegen Sie eine gute und vertraute Kommunikation.

Regeln

Sie durchziehen das Leben und begleiten Sie viel zu oft: Regeln! Manchmal ist es nicht einfach, diese einzuhalten und man wünscht sich, es würde sie einfach gar nicht geben. Aber leider können Sie sich das nicht aussuchen. Und natürlich hat auch eine gute Beziehung ihre „festen" Regeln. Wenn diese immer wieder in Erinnerung gerufen werden, steht dem großen Glück kaum noch etwas im Weg.

1. Positiv denken

Ein schweres Laster in einer Langzeitbeziehung ist die Selbstverständlichkeit. Der Partner ist einfach da, hat seine Aufgaben, erfüllt sie und damit ist es auch gut. Große Anerkennung in Worten kommt dann oftmals zu kurz. Erst dann, wenn etwas nicht mehr so funktioniert wie gewohnt, kommt Achtsamkeit auf und das ein oder andere Wort fällt.

Negative Gedanken kommen auf, die eine Beziehung manchmal auch in eine Krise stürzen können. Lassen Sie diese nicht zu: Denken Sie positiv über den Menschen an Ihrer Seite, denn jedem passiert ein Fehler. Seien Sie dankbar für die vielen Jahre, in denen alles problemlos vonstattenging. Zeigen Sie Verständnis, denn niemand auf der Welt ist perfekt.

2. Gemeinsamkeiten

Ein wahrer Beziehungskiller jeder langen Liebe ist das Auseinanderleben. Paare entwickeln sich in unterschiedliche Richtungen und gemeinsame Aktivitäten gibt es irgendwann gar nicht mehr. Lassen Sie das nicht zu: Pflegen Sie gemeinsame Hobbys und Unternehmungen, so oft es Ihnen möglich ist. Dies kann der Kinoabend sein, das gemeinsame Spazierengehen oder etwas ganz anderes. Ihrer Fantasie sind keine Grenzen gesetzt. Wichtig ist nur, dass Sie Zeit mit Ihrem Partner verbringen und sich nie aus den Augen verlieren.

3. Glücklich sein

Was für Sie im ersten Moment einfach klingt, kann sich manchmal schwer gestalten. Der Alltag macht es nicht immer einfach, das große Glück zu fühlen. Stress im Job, aber auch Druck von anderen Seiten, kann eine gute Stimmung schnell in etwas Schlechtes verwandeln. Dann fehlt auch in jeder Beziehung der richtige Schwung. Denn eines ist ganz klar: Glückliche Menschen lieben völlig anders, wie unglückliche Menschen!

4. Nähe suchen – überall

Ganz gleich, wo Sie sind, allein sind Sie eigentlich nie. Zumindest ist das der optimale Fall. Ihr Partner sollte immer wieder in Ihren Gedanken sein, wenn es die Möglichkeiten zulassen.

Es ist wichtig, ihm das auch zu zeigen. Eine kurze Nachricht genügt schon, um diese Gedanken mit ihm zu teilen. Tragen Sie Ihre Liebe stets im Herzen und vergessen Sie die andere Seite nicht. Denn so kann schnell das Gefühl aufkommen, dass Ihnen diese Bindung zu viel ist und Sie nur dann wirklich da sein wollen, wenn der Partner direkt neben Ihnen steht.
Kurzum: Schreiben Sie ein kurzes „Ich liebe dich“ und Sie haben alles gesagt, was wichtig ist!

5. Leidenschaft

Selbstverständlich kann es der Lauf der Zeit mit sich bringen, dass die große Anziehungskraft des ersten Tages nicht immer gegeben ist. Das ist aber noch kein Grund, sie völlig aus den Augen zu lassen. Überraschen Sie Ihren Partner und vermitteln Sie ihm Begehren und Zuneigung. Denn ganz viel davon schlummert in Ihnen. Lassen Sie Ihre Gefühle heraus und erwecken Sie die Lust füreinander, auch wenn Sie im ersten Moment das Gefühl haben, dass diese heute nicht aufkommen wird. Lassen Sie sich Zeit und pflegen Sie ihre gemeinsame körperliche Liebe.

Eine gute Partnerschaft ist der Ort, wo wir beides finden: so viel Geborgenheit, wie wir suchen, und so viel Freiheit, wie wir brauchen.

-Henriette Wilhelmine Hanke-

2) Kapitel: Rettung der Beziehung

Anzeichen erkennen

Probleme in der Liebe entstehen nicht von heute auf morgen. Fehlende Gespräche, Unzufriedenheit und Wünsche, die keine Beachtung mehr finden, führen zu Unstimmigkeiten und schnell kann der Gedanke, mit dem Partner bis zum Ende des Lebens glücklich zu sein, nicht mehr für das freudige Lächeln sorgen. So viele Glücksmomente, wie die Freude, nach der Arbeit endlich nach Hause zu kommen, sind nicht mehr da.

Auch möchten Sie Ihre Zeit lieber allein verbringen und dies, obwohl Sie in einer festen Beziehung sind. Haben auch Sie ein seltsames Gefühl, vermissen etwas und fragen sich, ob Ihre Beziehung noch in Ordnung ist? Spätestens jetzt sollten Sie Ihre Beziehung genauer betrachten. Es gibt einige Anzeichen, die sie aufmerksam machen sollten, und die ihnen ganz klar offenbaren, dass Sie handeln sollten, bevor es zu spät ist!

1. **Sie sind lieber auf der Arbeit**

Sagen Sie sofort „Ja“, wenn Ihr Chef mit neuer Arbeit und Überstunden in Ihrer Tür steht?

Nehmen Sie diese Arbeit gerne an und haben Sie kein Problem, die Zeit für Ihre Familie zu opfern und möchten jede Minute des Tages am liebsten im Büro verbringen?

Überstunden müssen manchmal sein, das ist völlig klar. Aber in der Regel sollte dann nicht die Freude darüber die Oberhand gewinnen, auch wenn Sie Ihren Traumjob gefunden haben. Wenn Sie Ihre „freie" Zeit lieber mit dem Job, als mit Ihrem Partner teilen, so kann dies ein erstes Anzeichen dafür sein, dass Sie nicht mehr glücklich und zufrieden sind. Ihnen fehlt etwas und es ist an Ihnen, einen Schritt nach vorn und auf Ihren Partner zuzugehen.

Wenn Ihnen ein solches Verhalten Ihrer Liebe auffällt, versuchen Sie, es anzusprechen. Vielleicht handelt es sich auch nur um ein Missverständnis und die Arbeit kann wirklich nicht warten. Ein Gespräch kann Klarheit bringen.

2. Der Partner hat eine Affäre und es stört Sie nicht

Das Fremdgehen des Partners ist sehr oft ein Grund, warum viele Beziehungen in die Brüche gehen.
Abstand, Einsicht und die Frage, wer nun wirklich die Schuld trägt, sind dann Dinge, die oft im Raum stehen.

Finden Sie sich in einer ähnlichen Situation wieder? Ihr Partner hat Ihnen offenbart, dass er Sie betrogen hat, oder Sie haben es sogar durch Zufall herausgefunden? An sich spielt es keine Rolle, wie die Affäre ans Tageslicht kam: Die Welt liegt in Scherben ... oder doch nicht?

Wenn Sie sich in diesem einschneidenden Moment nicht einmal darüber ärgern, sondern es einfach nur annehmen, sollten Sie Ihre Beziehung überdenken und nach Gründen dafür suchen! Fremdgehen geschieht niemals grundlos und auch wenn der „Täter" selbst es nicht zugeben will, sondern es auf einen Ausrutscher schiebt, so fehlt auch diesem etwas in Ihrer Liebesbeziehung. Geben Sie nicht sofort auf! Auch wenn es der wohl schlimmste Vertrauensbruch ist, lohnt es sich in jedem Fall, darüber zu sprechen und vielleicht auch die Gründe zu erfahren. Es ist nicht sofort alles verloren!

3. Sie bleiben für die Kinder

Kinder sind das größte Geschenk im Leben. Sie bringen so viel Liebe und Glück mit sich, dass auch der traurigste Tag gar nicht mehr so trist ist.

Sie schweißen jedes Paar zusammen und verbinden! Niemand möchte, dass sie traurig oder Streitigkeiten ausgesetzt sind. Nicht selten sind sie auch der Grund, weswegen Beziehungen sich natürlich verändern. Dann heißt es, die Gedanken und Vorstellungen ein wenig umstellen und schon läuft das Leben wieder in gewohnten Bahnen.

Doch was ist, wenn es nicht an der neuen Situation liegt und keine Freude mehr vorhanden ist? Wenn auch Sie schon lange nicht mehr glücklich sind, aber nichts unternehmen. Aufgrund Ihrer Kinder liegt in Ihrer Beziehung mehr im Argen, als Sie vielleicht gerade sehen möchten. Hat Sie also schon mehr als einmal der Gedanke heimgesucht, dass Sie wegen der gemeinsamen Kinder bleiben, besteht unbedingt Redebedarf, der nicht mehr aufgeschoben werden sollte: schon allein zum Wohle der Kinder!

4. Kein zweites Mal

Sie waren einst glücklich und hätten Ihren Partner um nichts in der Welt wieder hergegeben. Es gab nur ihn und niemanden sonst, der Ihnen so unbeschreiblich wichtig war.

Heute sieht es in Ihnen aber völlig anders aus. In stillen Stunden sagen Sie sich immer wieder, dass Sie sich kein zweites Mal für Ihren Partner entscheiden würden. Mit dem Wissen von heute hätten Sie Ihre Wahl damals nicht so getroffen! Manchmal ärgert es Sie sogar richtig, dass Sie zur damaligen Zeit nicht in die Zukunft sehen konnten. So hätten Ihre letzten Jahre ganz anders verlaufen können!

Geht es Ihnen genauso? Mit diesen Gedanken im Kopf ist Eile geboten! Warum sind Sie mit Ihrer Beziehung so unglücklich, dass Sie sich in die Vergangenheit zurückversetzen möchten, um Ihre Entscheidung anders zu treffen? Gehen Sie der Ursache auf den Grund, denn es ist nie zu spät zum Handeln!

5. Und nun ist es passiert

Wie bereits in Punkt zwei beschrieben, ist das Fremdgehen Gift für jede Liebe! Und nun ist genau dies auch noch Ihnen passiert. Ob nun wirklich beabsichtigt, weil sie unglücklich sind, oder einfach so passiert: Sie haben Ihren Partner betrogen und haben einen Vertrauensbruch begangen!

Doch nicht nur diese Tatsache lässt sich jetzt nicht abwenden. Sie sollten sich auch darüber klar werden, dass Paare, die wirklich glücklich und zufrieden in Ihrer Beziehung sind, keinen Gedanken an einen Seitensprung verschwenden, geschweige denn diesen unternehmen. Führen Sie sich diese Tatsache vor Augen und erforschen Sie die Gründe für diesen Einschnitt in Ihre Partnerschaft.

6. Sie gehen auf Abstand

Nähe und Zuwendung gehören zu einer jeden Bindung dazu. In der Regel sehnen sich beide Liebenden danach. Doch bei Ihnen ist es anders? Sie möchten gar nicht mehr, dass Ihr Partner Sie berührt. Jede Zärtlichkeit ist Ihnen zu viel. Ob dies nun daran liegt, dass es „immer das Gleiche ist“, oder Sie es wirklich nicht wollen, wissen nur Sie allein!

Nehmen Sie dieses Signal unbedingt ernst und reden Sie darüber, auch wenn es nicht leicht ist. Wählen Sie die richtigen Worte, dann werden Sie Ihren Partner auch nicht verletzen. Ganz im Gegenteil: Dieser wird Ihnen sicherlich dankbar sein, dass Sie ehrlich sind und mit ihm das Problem lösen möchten. Es ist ein guter und wichtiger Schritt, der zeigt, dass Ihre Beziehung noch lange nicht am Ende ist!

7. Mehr Zeit ohne den Partner ist Ihnen lieber

Wenn Kinder eine Liebe bereichern, ist es das größte Glück. Natürlich sind diese, gerade am Anfang, die absolute Nummer 1. Das ist völlig normal und auch richtig. Aber was passiert, wenn es nicht vergeht? Irgendwann würde die Möglichkeit bestehen, die Kinder für ein paar Stunden in die Obhut von Oma und Opa zu geben, um ein wenig Zeit miteinander zu verbringen. Aber das möchten Sie gar nicht?

Ähnlich kann es sich mit Freunden verhalten. Dass Menschen, wenn Sie in einer festen Beziehung sind, auch den Wunsch haben, Zeit mit Freunden zu verbringen, ist ebenfalls nicht verwerflich. Aber auch hier sollte es nicht die Regel sein! Pflegen der freundschaftlichen Kontakte ist in Ordnung, aber nicht nur!

Erkennen Sie sich in den beschriebenen Situationen wieder? Gehen Sie mit Ihren Kindern lieber raus, als Zeit mit Ihrem Partner UND Ihren Kindern zu verbringen? Oder ziehen Sie in letzter Zeit immer wieder das Treffen mit den Freunden vor, anstatt lieber ein paar Stunden mit Ihrer einst großen Liebe zu verbringen? Wenn dem so ist, könnte es ein deutliches Anzeichen für Probleme in der Partnerschaft sein.

8. Die drei wichtigsten Worte

Erst neulich wurden Sie gefragt, ob Sie Ihren Partner noch lieben! Sie ließen sich Zeit mit Ihrer Antwort! Warum? Oder fragen Sie sich selbst manchmal, ob Ihre Gefühle noch die gleichen sind, wie zu Beginn Ihrer Beziehung?

Dass Menschen und Gefühle sich in gewisser Weise über die Jahre verändern, ist nicht ungewöhnlich. Aber dennoch sollte das Band der Liebe auch nach langer Zeit noch bestehen! Wenn es allerdings einen Riss hat, oder Sie nicht wissen, ob es überhaupt noch standhält, müssen Sie etwas tun und die Probleme in Angriff nehmen.

„Ich liebe dich" sind nur drei kleine Worte, aber sie sind der Grundstein einer jeden Beziehung! Denn nur mit Ihnen, bzw. dem Gefühl im Herzen, macht eine Beziehung wirklich Sinn!

9. Schlechter Umgangston

Jeder hat mal einen schlechten Tag und manchmal sagt man in diesen Momenten auch Dinge, die dann später bereut werden. Eine Entschuldigung ist dann fällig und die ausfälligen Worte sind aus der Welt geschafft (vorausgesetzt es ist "eine einmalige Sache).

Es kann aber auch passieren, dass dieser herrische Ton an der Tagesordnung ist und ständig über Sie kommt, wenn Sie mit Ihrem Partner zusammen sind. Sie vergreifen sich ganz oft im Ton und wenn Sie auf der Arbeit genauso eine Art an den Tag legen würden, hätten Sie bestimmt schon lange keinen Job mehr: das wissen Sie genau!

Warum sind Sie oftmals so aufgebracht, wenn es doch eigentlich gar keinen Grund dafür gibt? Unzufriedenheit wäre eine Möglichkeit und es ist an Ihnen, sich darüber nun Gedanken zu machen. Denn wenn die freundlichen Worte nicht mehr da sind, entschwindet mit ihnen auch schnell die Liebe!

10. Entscheidungen werden nicht mehr gemeinsam getroffen

Es gibt Situationen, in denen schnell gehandelt werden muss und Sie selbst die Wahl treffen müssen. Aber nicht immer ist dies der Fall. Wenn Sie bevorzugt Ihre eigene Meinung als richtig ansehen und es nicht für wichtig erachten, auch Ihren Partner in die Entscheidungsfindung einzubeziehen, sollten Sie aufhorchen.

Auch wenn Sie sich sicher sind, dass auch der andere Part Ihre Meinung teilt, ist es dennoch wichtig, ihn zu fragen. So zeigen Sie Interesse und achten auch auf seine Entscheidung. Wenn Sie dies nicht tun, kann sich Ihr Partner schnell ausgeschlossen fühlen!

In einer Beziehung ist es wichtig, gemeinsam zu handeln und gemeinsam zu entscheiden!

Mögliche Ausgangslagen

1. Der große Streit

Streiten gehört zu jeder guten Beziehung dazu. Ganz gleich, wie lang oder glücklich die Partnerschaft ist, gibt es immer wieder kleine und große Gründe, die zu einer Auseinandersetzung führen können.
Meinungsverschiedenheiten sind also völlig normal und bedeuten nicht im Geringsten, dass die Liebe nicht mehr besteht. In den meisten Fällen schließt sich jedem Streit auch der sogenannte Versöhnungssex an, der natürlich ebenso normal und überhaupt nicht verwerflich ist.

Dennoch kann es auch passieren, dass ein Streit zu einer tiefen Verletzung wird, die vielleicht auch gar nicht beabsichtigt war.

Schnell werden Worte gesagt, die später leidtun. Doch die Emotionen kochten nun einmal hoch und was gesagt wurde, wurde gesagt.

Aus diesem Grund ist es wichtig, erneut das Gespräch zu suchen und nicht sofort eine Trennung ebenfalls in den Raum „zu stellen". Beleidigungen sind nicht schön und sollten auch niemals in einer Beziehung zum Tragen kommen, aber eines ist ganz klar: Sie sind mit Ihrem Partner zusammen, weil Sie ihn lieben und dieser liebt Sie ebenfalls: vergessen Sie das bitte nie. Kann es also wirklich sein, dass seine Worte völlig ernst gemeint waren, oder geschah es wirklich nur aus der Situation heraus?

Diese Frage gilt es zu klären, bevor weitere Maßnahmen Ihr beider Leben auf den Kopf stellen. Versuchen Sie also immer, sich auch in Ihren Partner hineinzuversetzen und seine Meinung zu verstehen. Wenn Sie dies können, ist schon viel geschafft und ein Streit muss nicht völlig eskalieren.

Wichtig ist nach einem solchen lauten Gespräch nicht das Gewinnen für eine Seite, sondern ein Schaden, der nicht entstanden ist!

2. Der Seitensprung

Dieser Vertrauensbruch ist wohl der größte Einschnitt in eine Beziehung. Jahrelange Bindungen und sogar Ehen können so, von heute auf morgen, keinen Bestand mehr haben und durch eine Trennung zerstört werden.

Auch wenn es schwerfällt, versuchen Sie im ersten Moment zu verstehen, warum Ihr Partner diesen Schritt gegangen ist! War die Beziehung nicht mehr glücklich und wie war das Verhältnis zwischen Ihnen? Bereut er es und zeigt aufrichtige Reue? Auch wenn das alles für Sie im ersten Moment nicht mehr wichtig zu sein scheint, werten Sie es dennoch aus und treffen Sie dann Ihre Entscheidung, sobald der Schmerz versiegt ist. Denn eines ist ganz klar: Ein Seitensprung bedeutet Schmerz und dieser muss erst einmal verarbeitet werden, ganz gleich, wie lange es dauert!

Wenn Sie dies geschafft haben und bereit sind, eine zweite Chance zu geben, versuchen Sie die Gründe zu erörtern und ganz langsam wieder Vertrauen aufzubauen. Es fällt schwer, aber vermeiden Sie ständige Kontrollversuche.

Es tut Ihnen selbst und natürlich auch dem Partner nicht gut und neuer Streit kann schon bald Einzug halten. Doch auch Sie haben mehr denn je Vertrauen verdient. Nun ist es an Ihrem Partner, Ihnen zu beweisen, dass es wirklich nur eine einmalige Angelegenheit war und es nichts an seinen Gefühlen zu Ihnen geändert hat. Bauen Sie langsam gegenseitig wieder Vertrauen auf, um das zurückzubekommen, was sie beide einst so unwahrscheinlich glücklich machte.

3. Nach der Trennung

Für Sie gab es keinen anderen Weg: es folgte die Trennung. Die Gründe dafür kennen nur Sie allein. Aber manchmal kann dies auch für einen Neuanfang stehen, und zwar mit dem gleichen Partner. Gefühle lassen sich nicht einfach ausschalten, auch wenn es manchmal die einfachste Lösung wäre.

Wichtig ist es für den Anfang, den Schmerz zu überwinden und sich der Gründe bewusst zu werden. Ist dies geschafft, ist auch für Schuldzuweisungen kein Platz mehr. Es ist passiert und zu einem solchen Ausgang gehören immer zwei Menschen.

Versuchen Sie mit Ihrem einstigen Partner ins Gespräch zu kommen und gewisse unklare Dinge aufzuarbeiten.

Stehen Sie dabei ganz offen zu Ihren Gefühlen und äußern Sie Wünsche, die Sie vielleicht so noch gar nicht angesprochen haben. Angst hat hier keinen Platz, denn sie ist ein schlechter Ratgeber für die Liebe. Finden Sie Kompromisse, zeigen Sie Toleranz und vergessen Sie nie den nötigen Respekt.

So sind Sie auf einem guten Weg, Ihre Liebe zurückzugewinnen und an vergangenen Träumen anknüpfen zu können.

Tipps zur Verbesserung

Jede Beziehung hat Höhen und Tiefen. Die schlechten Zeiten gemeinsam durchzustehen, bedeutet das Zugehen auf den Partner und das Erkennen der Signale.
Haben Sie sich und Ihre Sorgen in den gerade beschriebenen Phasen wiedererkannt?

Dann ist es an der Zeit zu handeln. Mit den folgenden Tipps können Sie eine ganze Menge bewegen und an vergangenem Glück wieder anknüpfen. Auch wenn Sie das im Moment noch nicht glauben möchten, so werden Sie bald vom Gegenteil überzeugt sein!

1. In den vier Wänden Zeit verbringen

Ihre Wohnung ist der Ort, an dem Sie sich wohl und gut fühlen. Irgendwann haben Sie diese Bleibe gemeinsam mit Ihrem Lebenspartner ausgesucht und bezogen. Es waren glückliche Momente, die Sie hier teilten und jetzt scheinen diese der Vergangenheit anzugehören.

Aber das muss nicht sein: Nutzen Sie die Zeit, die Sie und Ihr Partner gemeinsam zu Hause verbringen können. Gehen Sie nicht in einen Raum und Ihre einstige große Liebe in ein anderes Zimmer. Denn sicherlich fühlen Sie sich dabei auch nicht wohl. Aber der erste Schritt ist nicht immer einfach! Nutzen Sie die freie Zeit zu Hause miteinander!

Kochen Sie zusammen, oder verbringen Sie einfach einen gemütlichen Abend vor dem Fernseher! Sie haben die Wahl und können Ihre Zeit nach gemeinsamen Wünschen gestalten. Lassen Sie vergangene Liebe wieder aufblühen!

2. Überraschung

Aufmerksamkeiten, die für Erstaunen und Verblüffung sorgen, bringen jede Beziehung in Schwung.

Sie können sich schon gar nicht mehr daran erinnern, wie oft Sie mit Ihrem Partner romantisch und ausgedehnt Essen gehen wollten? Immer wieder war der Gedanke da, aber er wurde als unwichtig zur Seite geschoben! Setzen Sie das gemeinsame Essen nicht auf die „Kann-Warten-Liste".

Denn genau das sollte es nicht! Bestellen Sie doch im Lieblingsrestaurant einen Tisch und fordern Sie Ihren Partner auf, sich schick anzuziehen. Wenn Sie dann vor dem gewünschten Lokal Halt machen, kann der Abend nur noch perfekt werden.

Ähnlich gestaltet es sich bei einer Reise oder einem lang ersehnten Tagesausflug. Entführen Sie Ihre Liebe an einen anderen Ort und lassen Sie Erinnerungen wiederaufleben. Vielleicht haben sie sich hier kennengelernt oder es ist einfach ein großer Wunsch, diesen Ort einmal zusammen zu besuchen.

Sie können es am besten beurteilen und ersehnten Wünschen näherkommen. Aber jetzt denken Sie bitte nicht, dass nur die großen Aufmerksamkeiten etwas bewirken können. Manchmal sind es auch die ganz kleinen Dinge, die den Weg in die richtige Richtung ebnen.

Überraschen Sie mit einem Blumenstrauß oder mit einer schönen Schachtel Pralinen. So können Sie zeigen, dass Sie an Ihren Partner gedacht haben und er noch immer wertvoll und etwas ganz Besonderes für Sie ist.

3. Ich liebe dich

Sie kennen diese Worte nur zu gut und in Ihren Anfangszeiten konnten Sie es auch gar nicht oft genug sagen. Dass diese Liebesbekundung irgendwann an Raum verliert, ist durchaus normal, aber sie sollte nicht aus dem Kopf verschwinden.

Wann haben Sie in Ihrer Partnerschaft das letzte Mal „Ich liebe dich" gesagt? Denken Sie darüber nach und wenn Sie zu dem Schluss kommen, dass es schon viel zu lange her ist, dann warten Sie keine Minute mehr und bekunden Sie Ihre Gefühle offen und ehrlich.

Es ist nicht immer leicht und manchmal fällt es schwer, ein anderes Mal leichter. Aber egal, was für ein Gefühlsmensch Sie sind: Diese Worte bedeuten mehr als alles andere auf der Welt und können Berge versetzen. Manchmal braucht es auch einfach nur ein wenig Übung: Beginnen Sie also noch heute mit der ersten Übungsstunde. Die Reaktion Ihres Partners ist jede Sekunde wert.

4. Aufeinander zugehen

Sie haben sich in Ihren Partner verliebt, weil er ganz bestimmte Eigenschaften hatte? Ihm selbst wird es genauso gegangen sein. Doch nun sind viele Jahre vergangen. Nicht nur Zeit ist verstrichen, sondern auch Menschen nehmen neue Eigenschaften an und verlieren vielleicht ein Stück weit andere Dinge, die früher sehr wichtig waren. Das alles ist völlig normal, wir entwickeln uns weiter und wachsen mit unserer Umgebung und Erlebnissen des täglichen Lebens.

Unsere Wünsche verändern sich und unsere Träume werden durch andere Sehnsüchte ersetzt. Haben auch Sie das Gefühl, dass sich etwas verändert hat und Sie nicht mehr so zufrieden sind wie einst?

Finden Sie Kompromisse und machen Sie klare Ankündigungen, dass Sie etwas bewegen möchten. Ist dies geschehen, setzen Sie Ihre Vorstellungen und Wünsche in die Tat um.

So können Sie auf Ihren Partner zugehen und ihm auch das Gefühl geben, dass Sie nicht nur reden, sondern auch handeln können! Denn schließlich ist Ihnen Ihre Beziehung wichtig und Sie sind bereit zu kämpfen.

5. Dankbarkeit

Egal wo und wann: Dankbarkeit begleitet unser Leben und sollte nie vergessen werden. Gerade in einer Beziehung ist dies sehr wichtig. Denn nichts ist selbstverständlich. Dass Ihr Partner am Morgen mit Ihnen aufsteht, oder sich täglich um das Mittagessen kümmert, hat Beachtung verdient.

Wer sorgt in Ihrem Haus immer wieder für Ordnung und kann mit Ihrer schlechten Laune (die alle Menschen mal haben) umgehen? Selbst die kleinen Bitten, die Sie äußern und die angenommen werden, gehören dazu.

Kurzum: Das tägliche Leben in einer Beziehung besteht aus Dankbarkeit. Das dürfen Sie nicht vergessen. Auch wenn Sie sich nicht tagein tagaus für alles in Worten bedanken müssen, so können Sie mit Gesten schon sehr viel bewirken.

Ab und zu können Sie dann einfach Ihre Liebe in den Arm nehmen und einfach mal „Danke" sagen. Sie werden die Reaktion lieben und sie kann unheimlich viel bewirken. Trauen Sie sich und gehen Sie ganz offen mit Ihren Gedanken und Gefühlen um.

Seien Sie dankbar!

6. Keine Standardfragen

Der Tag war hart und Sie hatten wieder eine ganze Menge um die Ohren. Erst am Nachmittag sehen Sie Ihren Partner wieder. Sie öffnen die Tür, gehen ihm entgegen und fragen: „Wie war dein Tag?“ Zurück kommt dann in den meisten Fällen auch die gleiche Antwort wie gestern und vorgestern: „Okay“ oder „Ganz gut!“. Der Standardwortschatz hat sich eingeschlichen und schnell kommt die Frage auf, ob es Sie überhaupt interessiert!

Legen Sie diese Frage zu den Akten und seien Sie direkter: Was hat Ihren Partner heute glücklich gemacht und was nicht? Lag heute viel Arbeit an, oder ging es? Fragen Sie einfach direkt danach, wie der Tag verlaufen ist und was ihn auszeichnete. So rücken Sie beide ein bedeutendes Stück näher zusammen und Sie zeigen offensichtliches Interesse.

7. Beziehungskiller Alltag

Zu Beginn einer jeden Partnerschaft ist die Welt rosa. Alles ist schön und bestens. Jede Sekunde zählt: Hauptsache, die Zeit kann gemeinsam verbracht werden. Irgendwann rücken Sie noch näher zusammen, beziehen eine Wohnung und verbringen dann auch den Alltag miteinander. Auch hier ist für den Anfang alles super.

Doch irgendwann vergeht wieder die Zeit und eine gewisse Routine schleicht sich oft unbemerkt ein. Alles passiert einfach so, weil es eben passiert. Eine Veränderung fällt eigentlich nur auf, wenn etwas einmal nicht gemacht wurde und dann ist schnell der Unmut an der Tagesordnung, gepaart mit Selbstverständlichkeit!

Der Alltag ist eingekehrt und nimmt schnell die Luft aus jeder Beziehung. Doch lassen Sie diesen weit verbreiteten Beziehungskiller nicht in Ihr Leben und sagen Sie ihm den Kampf an. Bringen Sie neuen Schwung in die Beziehung und gehen Sie Ihren eigenen Bedürfnissen und denen des Partners auf den Grund. Befassen Sie sich intensiv mit Ihren Wünschen und Sehnsüchten und staunen Sie über die Wirkung.

Sexleben

Wie bereits kurz beschrieben kann der Alltag sehr viel bewirken: zum Positiven aber auch Negativen. Sind eher schlechte Emotionen der Fall, sind Veränderungen sehr wichtig.

Auch das Liebesleben ist in einer Beziehung von sehr großer Bedeutung. Ist hier etwas nicht in Ordnung, macht sich schnell Unzufriedenheit breit. Körperliche Nähe und intensive Gefühle, die für eine Bindung unbeschreiblich wichtig sind, rücken dann oft in den Hintergrund, bis sie überhaupt keine Bedeutung mehr haben: Das alles ist nicht gerade förderlich für eine gut funktionierende Partnerschaft.

Aber soweit muss es gar nicht erst kommen und wenn doch, dann können Sie dieses Problem gemeinsam mit Ihrem Partner angehen. Denn schließlich gehören zur Liebe immer zwei Menschen! Sie müssen sich für nichts schämen und sollten sich keine Sorgen machen, was der Mensch an Ihrer Seite denkt! Sie sind vielleicht schon viele Jahre zusammen und haben schon viele intime Situationen geteilt. Zählen Sie diese als eine völlig neue Erfahrung, die Sie noch nicht erforschen konnten.

Doch Sie wissen gar nicht so richtig, wo Sie ansetzen sollten? Eigentlich wissen Sie nur, dass es nicht mehr das gleiche Liebesleben ist wie früher!

Dann können Ihnen die nachfolgenden Punkte als kleine Gedankenstütze dienen und Ihre Fantasie ein wenig ankurbeln.

1. Lust im Freien

Intensive Gefühle und die Nähe des Geliebten sind eigentlich an jedem Ort schön. Selbst, wenn dies immer im Schlafzimmer geschieht! Doch vielleicht liegt gerade hier der kleine Fehler. Suchen Sie sich einen anderen Ort und erleben Sie Gefühle, die Sie nie für möglich gehalten hätten. Sex im Freien hat zwei entscheidende Vorteile: Alles ist völlig neu und schon allein aus diesem Grund ein neues Erlebnis.

Es sorgt für eine große Portion Nervenkitzel, aus der „Sorge" heraus, entdeckt zu werden, werden Sie ganz neue Gefühle erleben können.

Auch wenn es zu Beginn bestimmt ein wenig gewöhnungsbedürftig ist: Irgendwann nimmt auch dieses Gefühl ab und macht der großen Lust auf den Partner Platz: unter freiem Himmel und ohne schützende Wände!

2. Dessous

Doch manchmal braucht es gar nicht einen anderen Ort, sondern nur ein wenig Anregung und etwas ganz Neues. Sie denken schon lange als Partnerin darüber nach, sich neue Dessous zu kaufen, in der Hoffnung, dass sich etwas verändert?

Dann denken Sie nicht mehr nach, sondern setzen Sie es in die Tat um. Sie wissen am besten, was Ihrem Mann gefällt und in welcher Wäsche sie sich natürlich am wohlsten fühlen. Überraschen Sie ihn damit am Abend und geben Sie Ihrer Liebe neuen Schwung.

Oder wünschen Sie sich als Mann einfach neue Spitze am Körper Ihrer Frau? Dann scheuen Sie sich nicht und sprechen Sie sie offen auf das Thema an. Wählen Sie Ihre Worte mit Bedacht, dann wird sie es ganz sicher auch verstehen.

Denn schließlich zeigen Sie durch Ihre Äußerung auch Interesse, möchten etwas bewirken und gehen auf Ihre Frau zu. Geben Sie kleine Anregungen, was Ihnen gefallen würde, oder lassen Sie sie einfach „machen“. Egal, für was Sie sich entscheiden: Diese Veränderung wird sich definitiv positiv auswirken. Denn wie heißt es oft so schön: das Auge isst mit!

3. Versteckspiel kleine Zettel

Auch wenn Sie bei diesem Tipp jetzt vielleicht ein wenig lächeln, werden Sie sich wundern, was er auslösen kann! Sicherlich kennen Sie auch die spannende Schnitzeljagd?

Ein Mensch wird mittels Botschaften von einem Ort zum nächsten geschickt, bis er sein Ziel erreicht hat. Am Ende wartet natürlich eine große Überraschung, mit der er vielleicht gar nicht gerechnet hat!

Soweit so gut: Doch wie all das ins Liebesspiel einbringen, ohne das es wirklich langweilig ist? Denn irgendwann erinnert es doch alles eher an die Kinderzeit … und aus diesem Alter sind Sie nun wirklich raus!

Es ist ganz leicht! Schreiben Sie auf mehrere Zettel all das, was Sie gerne einmal mit Ihrem Partner erleben möchten, oder bitten Sie ihn, es zu tun. Ganz gleich, was es ist: Scheuen Sie sich nicht und notieren Sie all Ihre Fantasien und Sehnsüchte. Ein kleiner Zettel steht für eine große Fantasie. Haben Sie alles niedergeschrieben, verteilen Sie die kleinen Notizen im Haus oder auch nur in einem Zimmer.

Wie Sie möchten! Dann bitten Sie Ihren Partner (oder Sie selbst übernehmen den Part. Je, nachdem wer seine Wünsche aufgeschrieben hat), auf die Suche zu gehen. Sobald ein Zettel gefunden ist, kehrt er damit zurück und Ihre Wünsche können eine Erfüllung finden.

So überraschen Sie sich und Ihren Partner jedes Mal selbst. Denn vielleicht haben Sie etwas aufgeschrieben, was Sie sonst nie ausgesprochen hätten, weil Sie Angst hatten, zu viel zu verlangen. Doch vielleicht sieht Ihr Partner es ganz anders und sicherlich können Sie noch einiges mehr über Ihre Liebe erfahren.

Eines bedenken Sie jedoch vor dem Beginnen des „Spiels“: Keine Botschaft ist ein Muss! Sollte ein Wunsch dabei sein, der nicht auf Gegenseitigkeit beruht, reden Sie ganz offen darüber, verpflichtend soll und darf es nicht sein. Nichts muss getan werden, was nicht angenehm für den Partner oder für Sie selbst ist. Denn schließlich ist Sex nur dann richtig schön und erfüllend, wenn es beide Seiten auch wirklich wollen. Das zählt natürlich auch für die kleinen Wünsche und versteckten Sehnsüchte!

4. Den ganzen Körper fühlen

Erinnern Sie sich noch an die Anfangszeit Ihrer Beziehung? An das erste Mal, das Sie mit Ihrem Partner erlebt haben? Es war intensiv, leidenschaftlich und jeder Millimeter Ihrer endlich gefundenen Liebe war noch lange nicht genug. Die Zeit hätte stillstehen können und doch wäre sie nicht ausreichend gewesen, um alles zu erleben, was Sie in diesem Moment so sehnsüchtig wollten.

Mit den Jahren veränderte sich viel. Natürlich rückten irgendwann andere Dinge in den Vordergrund. Neue Aufgaben und Belange kamen auf Sie beide zu. Natürlich war die Nähe zum anderen Menschen auch noch wichtig, aber sie nahm keine so große Bedeutung ein. Irgendwann gehörte es dann vielleicht einfach nur noch dazu.

Doch wie fühlen Sie sich heute, wenn Sie an diese Anfangszeit denken? Sicherlich schwelgen Sie gerne in diesen Erinnerungen. Das ist auch nicht verwunderlich: Lassen Sie diese Zeiten wiederaufleben. Überraschen Sie Ihren Partner und genießen Sie wieder jeden Millimeter. Blenden Sie alles andere aus.

Wie fühlt es sich an, vorsichtig den Körper Ihres Partners zu massieren, während dieser genüsslich die Augen schließt. Fangen Sie mit diesen kleinen Dingen an, bevor Sie sich weiter voran tasten. Überfordern Sie sich nicht, aber gehen Sie ruhig Stück für Stück weiter. Lassen Sie die alten Zeiten wiederaufleben und fühlen Sie sich intensiv, so wie es früher selbstverständlich war.

5. Spielzeug

Haben Sie schon einmal darüber nachgedacht, kleine Hilfsmittel zu verwenden? Wenn ja, was hat Sie bis heute davon abgehalten? Wenn nein, warum trauen Sie sich nicht?

Sicherlich ist es für den Anfang eine kleine Umstellung, aber lassen Sie sich einfach einmal auf das Experiment ein. Wenn es Ihnen nicht gefällt, dann ist das natürlich völlig okay und Sie müssen es kein zweites Mal ausprobieren! Aber wer weiß, vielleicht verbirgt sich hinter dem kleinen neuen „Mitspieler“ doch etwas mehr, das sich auszuweiten lohnt.

Lassen Sie diese Idee auf sich wirken und vielleicht denken Sie erst einmal nur für sich darüber nach. Setzen Sie sich in Ruhe hin und schauen Sie sich an, was für Spielzeuge es denn gibt! Tauchen Sie ein in diese spannende Welt und wer weiß: Vielleicht entdecken Sie ja genau das Sex-Toy, das Sie schon immer gesucht haben! Dann bringen Sie Ihre Idee dem Partner näher und lassen sich alle Zeit der Welt! Alles kann, aber nichts muss sein!

Kleiner Tipp: Auch das Verbinden der Augen zählt schon ein wenig in diese erotische Kategorie! Schon probiert?

6. Seien Sie direkt

Sie lieben Ihren Partner sehr, genießen seine Nähe, aber irgendwie ist es immer das gleiche mit dem Sex. So viele Sehnsüchte und Wünsche schlummern in Ihnen, die Sie aber nicht über die Lippen bringen. Zögern Sie nicht und seien Sie direkt! Sie dürfen es ruhig sein, denn schließlich führen Sie eine feste und langjährige Partnerschaft und sind beide erwachsen.

Sie haben schon so viel gemeinsam erlebt, intensive Gefühle geteilt und es gibt nichts, was Ihnen jetzt unangenehm sein müsste.

Natürlich ist es jetzt auch kein Muss, ein solches Thema beim Abendessen zu besprechen! Wie wäre es bei einem gemeinsamen Abend auf dem Sofa, bei dem Sie Ihren Partner in eine innige Situation ziehen und dann langsam Ihre Gedanken offenbaren?

Ganz sicher wird Ihr Partner Ihnen zuhören und wer weiß, was noch alles in ihm ruht.

Natürlich können Sie auch während des Liebesakts darüber sprechen. Sie möchten gerne etwas ausprobieren und der Moment scheint für Sie einfach der Beste zu sein?

Dann immer raus damit, oder probieren Sie es einfach aus! Wichtig ist nur, dass Sie die Reaktion richtig erkennen und wie schon angedeutet, es auf Gegenseitigkeit beruht.

Sprechen Sie ruhig über Ihre Gefühle!

7. Kleine Anspielungen

Sex beginnt im Alltag! Stimmt nicht, sagen Sie jetzt? Doch, in diesen Worten ist mehr Wahrheit versteckt, als Sie vielleicht auf den ersten Blick sehen.

Überlegen Sie, wie der Umgang am Tag mit Ihrer besseren Hälfte ist? Gehen Sie liebevoll miteinander um, oder gehen Sie sich mehr aus dem Weg und wechseln nur belanglose Worte miteinander?

Wenn eher das Zweite der Fall ist, wird es Sie selbst bestimmt nicht verwundern, dass die Abendstunden eher allein und trist ausfallen. Versuchen Sie also, Ihren Alltag nach Möglichkeit zusammen und so erotisch wie möglich zu gestalten. Ein paar nette Worte und heiße Blicke können schon wahre Wunder wirken. Bauen Sie ein paar solche Ideen in Ihr tägliches Leben ein und Sie werden sehen, wie positiv es Ihr Liebesleben beeinflussen wird.

Wer weiß: Vielleicht werden Sie schon am ersten Tag von Ihrem Partner so richtig überrascht!

8. Zeit

Das Thema Zeit ist etwas, was Ihnen in diesem Buch immer wieder begegnet. Aber sie ist, gerade in einer Beziehung, sehr wichtig und beeinflusst unheimlich viele Dinge. Auch im Sexleben hat sie einen großen Stellenwert, auch wenn dieser nicht immer bewusst ist, oder auch ignoriert wird.

Wie viel Zeit verbringen Sie mit Sex? Geschieht dies nur nebenbei oder eher nicht? Hinzu kommt die Frage, ist dieser manchmal ein Stück weit geplant oder passiert es einfach so?

Zwei Dinge sind gerade für ein gut funktionierendes Liebesleben sehr wichtig: Planen Sie nichts und gestalten Sie es nicht zu kurz! Frei heraus gesprochen: Verzichten Sie auf Quickies und lassen Sie mehr Raum!

Nehmen Sie sich wieder Zeit für das gemeinsame Liebesleben. Genießen Sie jede Sekunde und jeden Augenblick, denn er ist einzigartig. Wenn Sie Lust bekommen, lassen Sie es Ihren Partner auf Ihre Weise wissen und planen Sie nicht schon am Morgen den Ablauf des Abends.

Verführen, genießen und fallenlassen! Wenn Sie diese drei Dinge beherzigen, können Sie vielleicht bald von einem völlig neuen Sexleben kosten.

9. Wenn nichts hilft ...

Sie haben alles versucht, waren kreativ, konnten den Partner teilweise auch mitreißen und gewisse Dinge wirklich verändern, aber dennoch sind Sie nicht so richtig zufrieden? Ganz gleich, wie die Reaktion ausfiel und was Sie alles versucht haben: Wenn Sie noch immer das Gefühl haben, Ihr Sexleben bewegt sich einfach nicht voran, müssen Sie dennoch nicht aufgeben.

Haben Sie schon einmal über die Möglichkeit nachgedacht, Ihre Beziehung auszuweiten und einen Swinger-Club zu besuchen? Sicher ist dies vielleicht eine Option, die Sie erst einmal überdenken müssen und das ist auch völlig richtig. Schließlich braucht es jede Menge Vertrauen und ein gutes Gefühl.

Doch beides wird nach einer langjährigen Beziehung ganz sicher vorhanden sein. Dennoch ist die Meinung beider wichtig und nicht immer genügen diese zwei wichtigen Grundsätze, um es zu versuchen.

Gehen Sie einen Schritt nach vorne und wägen Sie die Möglichkeit ab. Hätten Sie Interesse, es einfach einmal zu probieren, um neuen Schwung in die Liebe zu bringen? Wenn Sie diese Frage für sich mit „Ja“ beantworten können, dann reden Sie offen mit Ihrem Partner darüber, ob er nicht auch Gefallen daran finden könnte.

Sie müssen ja nicht gleich in „die Vollen“ gehen, sondern erstmal in Ruhe schauen, ob es für sie als Paar in Frage kommen könnte. Stöbern Sie im Internet und suchen Sie nach einem geeigneten Etablissement. Sicherlich werden Sie auch, nach ein wenig stöbern im Internet, auf Gleichgesinnte treffen, die Ihnen Ihre Erfahrungen mitteilen!

SInd Sie neugierig geworden? Dann wagen Sie doch einfach einen Besuch. Schauen Sic sich um und vielleicht lernen Sie schon dort Menschen kennen, die ganz ähnliche Probleme haben und Ihnen ein Stück weit helfen können. Bauen Sie Vertrauen und Sicherheit auf. Es muss nicht von heute auf morgen funktionieren. Lassen Sie sich alle Zeit der Welt, bis Sie den Schritt Richtung Abenteuer gehen.

Und wer weiß: Vielleicht steht Ihre Beziehung schon bald unter einem ganz anderen und glücklicheren Stern!

Beziehung retten oder beenden

Doch nicht immer ist es so „einfach“ wie gerade beschrieben. Manchmal gibt es nur diese eine Entscheidung: Die Beziehung ist es wert, dass sie gerettet wird, oder nicht! Aber wie schon hier die richtige Wahl treffen? Denn schließlich geht es um das weitere Leben und auch darum, einen Menschen gehen zu lassen, der vielleicht schon jahrelang zum Alltag gehört.

Im nachfolgenden finden Sie ein paar Kriterien, die es Ihnen leichter machen, eine solche Entscheidung zu treffen.

1. Auch wenn das persönliche Umfeld und die dort vertretene Meinung erstmal zweitrangig sind, wäre eine Analyse wichtig. Manchmal sehen diese Menschen als Ausstehende mehr als Sie selbst. Finden sie, dass Sie unglücklich sind, oder reden Sie sich das vielleicht nur ein? Wichtig ist es, keine Angst zu haben, was Andere von Ihrer letzten Entscheidung halten: Die Wahl treffen nur Sie allein!

2. Haben Sie das Gefühl, dass Wünsche noch auf Gegenseitigkeit beruhen oder ist es eher einseitig? Gemeinsame Interessen sind für eine gute Beziehung sehr wichtig. Ist dies nicht mehr vorhanden, ist ein Scheitern oft vorprogrammiert.

3. Respektieren Sie Ihren Partner noch aufrichtig, oder ist er als Mensch nicht mehr so wichtig? Was ziemlich hart klingt, kann aber im Alltag oft übersehen werden. Der Partner ist einfach da und wir haben viel zu wenig Zeit, über den wirklichen Wert eines Menschen für uns nachzudenken.

4. Gewähren Sie sich gegenseitig Freiraum und nehmen sie sich beide hin, mit all ihren Schwächen und Stärken? Die Akzeptanz dieser Punkte ist enorm wichtig und der Grundstein einer jeden Bindung. Niemand auf der Welt ist perfekt und dies sollte auch in einer Partnerschaft keine einzige Sekunde vergessen werden.

5. Sehnen Sie sich körperlich noch nach Ihrem Partner? Ganz klar, nichts bleibt wie am ersten Tag und mit einem stolzen Alter von 80 Jahren ist es auch nicht mehr von so großer Bedeutung. Aber dennoch sollte es nie in Vergessenheit geraten. Ein gutes Sexleben ist wichtig und die Anziehungskraft sollte nie vergehen!

6. Was fühlen Sie, wenn Sie Ihren Partner ansehen? Erkennen Sie noch die tiefe Zuneigung und Verbindung, die sie beide einst zusammenführte? Wenn Sie dies noch in den Augen des anderen erkennen, ist noch nichts verloren.

7. Menschen verändern sich. Der Lauf der Zeit bringt neue Interessen und Eigenheiten mit sich, die zu Anfang vielleicht nicht da waren. Aus diesem Grund ist es wichtig zu erkennen, ob Sie auch jetzt noch mit diesen neuen Gegebenheiten umgehen können. Ist es Ihnen möglich, alles Neue auch mit sich selbst und Ihrer Beziehung zu vereinen und in Einklang zu bringen?

8. Ist es Ihnen möglich, zu vergeben? Fehler passieren und wie diese nun aussehen, spielt zuerst eine untergeordnete Rolle. Letztendlich zählt es, ob Sie verzeihen können und da weitermachen möchten, wo Sie einst aufgehört haben. Wenn dies in einer Beziehung nicht mehr möglich ist, können schnell tiefe Risse entstehen, die irgendwann gar mehr geschlossen werden können.

9. Wie sieht es denn mit dem Spaß aus? Dabei ist natürlich nicht nur das Sexleben gemeint. Ist es ihnen zusammen möglich, zu lachen und fröhliche Momente zu verbringen? Lachen macht nicht nur glücklich und befreit von Sorgen, sondern führt auch zusammen, gerade wenn es einmal Differenzen gibt.

10. Jede Partnerschaft beinhaltet auch eine Zukunft. Diese kann nur funktionieren, wenn gemeinsame Pläne und Wünsche noch nicht in Vergessenheit geraten sind. Haben sie beide noch Träume, die unbedingt in Erfüllung gehen sollen? Wenn dies so ist, können Sie noch vieles retten! Halten sie beide an diesen Zukunftsgedanken fest und vergessen nicht, wer sie sind: ein liebendes Paar!

Fazit

Eine Liebesbeziehung ist das Schönste, was zwei Menschen passieren kann. Sie hat Höhen und Tiefen, die zusammenschweißen und zu jeder Liebe dazugehören. Dieses Wissen ist unwahrscheinlich wichtig und kann der Grundstein für eine gute Beziehung sein. Denn damit fängt alles an. Doch natürlich kann dies allein nicht dafür sorgen, dass Sie nicht doch einmal eine große Krise überwinden müssen.

Eines ist hier enorm wichtig: Erkennen Sie die Anzeichen, bevor es vielleicht zu spät ist. Wenn Sie ein schlechtes Gefühl haben und denken, Ihre Beziehung „wackelt", dann schieben Sie diese Sorgen nicht beiseite. Gehen Sie darauf ein und finden Sie heraus, was Sie tun können, damit das Glück wieder an die Tür klopft.

Möglichkeiten gibt es unzählige und wie Sie gelesen haben, sind es nicht immer die großen und teuren Dinge, die helfen! Manchmal genügen schon ganz kleine Gesten, denn wichtig ist, dass Sie an den Partner gedacht haben und ihm somit zeigen, dass er Ihnen sehr viel wert ist. Folgen Sie Ihrem Herzen, denn Sie allein wissen, was fehlt und was helfen kann. Reden Sie offen und viel, dann sind Sie auf der sicheren Seite und können alles schaffen!

Gerade in Langzeitbeziehungen kann es vorkommen, dass das Sexleben nicht mehr das ist, was es zu Beginn einmal war. Vielen Paaren geht es ähnlich. Gehen Sie auf Ihren Partner zu und reden Sie völlig frei über Ihre Probleme und Sorgen. Denn gerade „die schönste Nebensache der Welt" steht für Vertrauen und Ehrlichkeit. Scheuen Sie sich nicht und probieren Sie neue Dinge aus, die Sie vielleicht schon immer einmal machen wollten.

Wichtig ist, dass Sie auch auf Ihren Partner zugehen, und nicht Ihre alleinigen Wünsche oben anstellen. Denn wirklich Freude bringt es nur dann, wenn beide Seiten zufrieden und glücklich sind!

Reden Sie miteinander und geben Sie Ihre Beziehung nicht bei ersten Uneinigkeiten auf. Ziehen Sie alle Register und kämpfen Sie für Ihre Liebe, die einst so wundervoll begann. Menschen verändern sich über die Jahre: Nicht nur das Äußere, auch der Charakter und die Interessen unterliegen einem lebenslangen Wandel. Kompromisse und Zugehen auf den Anderen gehören somit zu jeder Beziehung!

Selbst wenn der erste Anlauf zur Besserung nicht den Erfolg gebracht hat, den Sie sich vorgestellt haben, so bedeutet dies noch lange nicht das Ende! Gehen Sie einfach einen anderen Weg.

Auch wenn Sie der Meinung sind, dass es keinen Sinn mehr hat, so führen Sie sich immer vor Augen, dass Sie nicht allein sind. Unzählige Paare haben Probleme, die den Ihren ähnlich sind und auch diese Menschen kämpfen.

Nehmen Sie jeden Tag aufs Neue Ihren Partner bewusst wahr und geben Sie ihm ein gutes Gefühl: Wenn Sie dies beherzigen, können sie beide gemeinsam alles schaffen, was sie möchten: ein Leben lang, wie Sie es sich einst geschworen haben!

Das Glück des Lebens besteht nicht darin, wenig oder keine Schwierigkeiten zu haben, sondern sie alle siegreich und glorreich zu überwinden.

-Carl Hilty-

3) Kapitel: Glückliche Paare

Anzeichen und Besserungsvorschläge in Hülle und Fülle: Jetzt haben Sie so viel über das Retten einer Beziehung gelesen, dass sich doch die Frage stellt, ob es glückliche Paare überhaupt gibt!

Ja, diese Menschen gibt es tatsächlich und sie sind zahlreicher, als Sie vielleicht gerade denken. Viele von Ihnen haben ähnliche Phasen durchlebt, wie Sie jetzt! Heute sind diese Betroffenen glücklich, aber wie haben Sie es geschafft, auch dauerhaft von diesem Segen zu profitieren? Hier werden Sie es erfahren und überrascht sein, dass es eigentlich gar nicht so schwer ist, glücklich zu sein!

Geheimnissen auf der Spur

- **Nicht immer gleich**

Kein Mensch gleicht dem anderen. Auch wenn Sie sich mit Ihrem Partner verbunden fühlen und eine große Vertrautheit Ihre Beziehung auszeichnet, so sind sie doch nicht völlig gleich. Und das ist auch völlig normal!

Manchmal kann es passieren, dass Ihr Partner das gleiche denkt und es für Sie fast schon an ein Wunder grenzt, dass gleiche Vorstellungen und Gedankengänge vorliegen. Dann kann es aber auch sein, dass sie beide nicht einer Meinung sind und völlig unterschiedliche Richtungen einschlagen. Davon sollten Sie sich nicht entmutigen lassen, denn es ist schlichtweg nicht möglich, immer das Gleiche zu denken und identische Vorstellungen zu verfolgen.

Jeder Mensch ist ein Individuum und gerade das macht das Leben und jede Liebe so unendlich spannend! Akzeptieren Sie diese kleinen Ungereimtheiten, denn sie sind menschlich.

- **Die positiven Seiten sehen**

Oh nein, jetzt ist es schon wieder passiert: Ihr Partner hat wieder die Tür des Badezimmers aufgelassen, obwohl er doch genau weiß, dass es Sie stört! Diese kleinen negativen Eigenschaften können sich durch den Alltag ziehen, manchmal sogar ein Leben lang.

Immer wieder werden sie zur Sprache gebracht, aber es scheint so, als stößt jede Argumentation auf taube Ohren. Und wenn es dann eine gewisse Zeit funktioniert, ist die Tür doch irgendwann wieder offen. Und schon wieder beginnt der Kreis, der nicht zu durchbrechen ist.

Versuchen Sie, sich nicht zu sehr an den negativen Eigenschaften des Lebenspartners festzuhalten. Sicher, es ist störend, aber es gibt auch unendlich viele Dinge, die wunderschön sind. Denn wenn es nicht so wäre, hätten Sie sich nicht in ihn verliebt! Vergessen Sie es nicht und schenken Sie ruhig den positiven Gegebenheiten mehr Beachtung. So wird Ihnen stets bewusst bleiben, was Sie so sehr lieben und was ihre gemeinsame Bindung ausmacht.

- **Rituale entdecken**

Der Alltag verbindet Paare und formt eine Beziehung.
Versuchen Sie, gemeinsame Rituale zu finden und diese tagtäglich miteinander zu teilen. Das kann das Frühstück oder gemeinsame Abendessen sein, aber auch bestimmte Worte, die nur sie beide kennen und verstehen. Was jetzt vielleicht an Teenagertage erinnert, kann auch später für eine glückliche Beziehung verantwortlich sein. Wichtig ist, dass Sie es nicht nur einmal versuchen, sondern fest in Ihrem Tagesrhythmus einbauen. Ein Versuch lohnt sich in jedem Fall.

- **Erinnerungen auffrischen**

Schöne und unvergessliche Momente sind der Wegbereiter einer guten Beziehung, die genauso Tiefen hat, wie andere auch.

Doch was tun, wenn glückliche Tage in Vergessenheit geraten? Hier ist nicht gleich aufgeben angesagt, sondern die Auffrischung dieser wundervollen Zeit.
War es z.B. ein Urlaub, der Sie und Ihren Partner in besonderer Weise miteinander verbunden hat? Dann kehren Sie dorthin zurück und teilen Sie diese Augenblicke noch ein zweites Mal. Erinnern Sie sich daran, wie es damals war und lassen Sie den Stress zu Hause hinter sich. Drehen Sie die Zeit zurück und erleben Sie Momente, die Sie verbanden und es natürlich auch heute noch tun.

Glückliche Paare lassen stets Erinnerungen wiederaufleben, um zu sagen: „Gerade haben wir es nicht leicht, aber schau, wir hatten doch auch schöne Zeiten!".

Probieren Sie es aus und lassen Sie sich auf diese kleine persönliche Zeitreise ein: Sie werden es nicht bereuen und Ihre Beziehung wird in einem neuen Licht erstrahlen.

- **Gemeinsam**

Glückliche Paare verbringen so viel Zeit wie möglich miteinander. Sie nutzen jede freie Minute. Dieses Geheimnis lässt sich mit einer Kraft-Tankstelle vergleichen, die immer wieder neuen Antrieb spendet. Doch wie genau kann diese gemeinsame Zeit aussehen? Es müssen nicht immer die großen Reisen und Ausflüge sein! So kann das Beisammensein auch bei einem Sparziergang wunderbar genutzt werden. Jede Jahreszeit hat hier ihre Vorteile. Sei es der Winterwald, der Ausflug in den bunten Herbst, in den zarten Frühling oder über das warme Feld zu einem Picknick! Es gibt so viele Möglichkeiten.

Doch auch die Betätigung zu Hause kann wunderbar als Paar genutzt werden. Die Pflege des Gartens kann als Team gleich noch viel mehr Spaß machen. So können Sie sich über den Tag unterhalten, Ideen teilen und vielleicht völlig neue Ansichten bei Ihrem Partner entdecken, die sonst nie zur Sprache gekommen wären. Denn ganz ehrlich: Wie oft unterhalten wir uns beim gemeinsamen Abendessen über die Gartenpflege? Es kommt sicherlich vor, aber wird nie einen großen Stellenwert einnehmen. Wichtig ist, dass es beiden Spaß macht!

Kurzum: Gemeinsam Zeit verbringen ist das A und O einer guten und glücklichen Partnerschaft.

- **Komplimente**

Wie oft machen Sie Ihrem Partner ein Kompliment? Können Sie sich noch daran erinnern, wann Sie es das letzte Mal gemacht haben?
Natürlich heißt es jetzt nicht, sollte es länger her sein, dass Sie Ihren Partner nicht mehr schätzen! Aber sicherlich denkt dieser manchmal darüber nach.

Glückliche Paare machen genau das: Sie kleiden das, was Sie über den Partner denken, in gefühlvolle Worte. Nicht immer sind diese leicht gefunden und manchen Menschen kommt es auch nicht so leicht über die Lippen. Aber auch das kann gelernt werden und ist nur eine Frage der Einstellung. Was anfänglich noch schwer erscheint, sieht nach einem zarten Lächeln und einem Funkeln in den Augen schon gleich wieder ganz anders aus.

Je länger Sie an diesem kleinen Geheimnis einer Beziehung festhalten, desto einfacher wird es Ihnen fallen. Wenn Sie selbst dann auch noch von der gleichen Anerkennung kosten dürfen, dann wissen Sie, dass Sie auf dem richtigen Weg sind!

Machen Sie das, was glückliche Paare fest in ihrem Alltag integriert haben. Sie müssen nicht immer ein Liebesgedicht aufsagen, aber schon alleine das Lob über das Essen, welches der Partner zubereitet hat, wird Ihnen mit einem Lächeln gedankt.

Versuchen Sie es selbst, am besten noch heute!

- **Wertschätzung**

Auch diese wichtige Eigenschaft sollte niemals in Vergessenheit geraten und gehört bei glücklichen Paaren ebenfalls dazu. Wenn Sie sich jetzt sagen, dass es doch hier keinen großen Unterschied zu den gerade dargelegten Komplimenten gibt, liegen Sie ein wenig falsch. Hier geht es mehr um die Wertschätzung des Handelns.

Waren Sie schon einmal besonders stolz auf Ihren Partner, weil er vielleicht einem Menschen geholfen hat? Oder weil er einem Kollegen Arbeit abgenommen hat, damit dieser einen wichtigen Termin wahrnehmen konnte? Es gibt sehr viele Lebenssituationen, die uns stolz auf den Partner machen. Nur leider vergisst man oft, dies auch mitzuteilen und lässt es lieber in den Gedanken verweilen. Auch wenn es keine Absicht ist, so kann schnell der Eindruck entstehen, dass wir kein Interesse mehr zeigen.

Aus diesem Grund: Erinnern Sie sich an die Wertschätzung und sprechen Sie aus, was Sie gerade denken! Ihr Partner wird ihnen unendlich dankbar sein!

- **Erlebnisse teilen**

Dieser Punkt kommt Ihnen sicherlich bekannt vor. Aber auch glückliche Paare haben sich genau dies zur Aufgabe gemacht! Hier sind Erlebnisse jeder Art gemeint! Sei es der letzte Urlaub, oder einfach der stressige Alltag: All diese Dinge sind es wert und wichtig, auf sie zurückzublicken.

So können Sie sich in den Abendstunden gemeinsam auf das Sofa setzen und in Fotoalben blättern. Stück für Stück drehen Sie die Zeit zurück und kehren an den Ort zurück, den sie beide auf den Bildern finden.

Aber auch der Alltag sollte stets gehört werden. Sprechen Sie Ihren Partner auf sein Tagesgeschehen an und teilen Sie Ihre eigenen Stunden mit. So zeigen Sie Interesse, werden selbst gehört (was sehr wichtig für den Stressabbau ist) und können vielleicht noch Veränderungen Ihres Partners wahrnehmen, die Ihnen sonst nicht aufgefallen wären.

- **Öffnen Sie sich**

Sie fragen sich, warum glückliche Paare sich scheinbar blind verstehen. Manchmal scheint ein kurzer Blick zu genügen und schon weiß der Gegenüber genau, welche Gedanken der Partner hegt.

Das kann doch unmöglich mit rechten Dingen zugehen, oder doch? Eines ist ganz klar: es ist keine Zauberei, sondern Offenheit, die so etwas bewirken kann. Sprechen Sie offen über Ihre Gefühle und sagen Sie wirklich alles! Auch wenn Sie Sorge haben, dass Sie vielleicht in ein „Fettnäpfchen" treten könnten, trauen Sie sich ruhig. Was einer Beziehung neuen Schwung verleiht, ist auch das Geheimrezept einer glücklichen Partnerschaft.

Möchten Sie schon lange einen bestimmten Ort bereisen? Dann sprechen Sie darüber, auch wenn Sie genau wissen, dass es vielleicht gerade nicht möglich ist. Was gerade nicht geht, kann aber vielleicht in absehbarer Zeit in die Tat umgesetzt werden.

Ganz gleich, welche Träume Sie hegen: Bei Ihrem Partner sind diese gut aufgehoben und verwahrt, bis eine Erfüllung möglich ist. Genauso verhält es sich mit Ihren Fantasien und Sehnsüchten. Auch diese sollten Sie nach Möglichkeit ansprechen und natürlich auch teilen, wenn es auf Gegenseitigkeit beruht.

Ermutigen Sie auch Ihren Partner, offen über seine Gedanken zu sprechen, wenn Sie den Eindruck haben, dass es ihm schwerfällt!

Offenheit und Ehrlichkeit sind der Grundstein einer glücklichen Partnerschaft und schon bald werden Sie erkennen, dass es nicht schwer sein muss, sich blind zu verstehen! Auch Sie können zaubern, wenn Sie sich öffnen!

- **Allein sein**

Auch wenn Sie denken, dieser Punkt kann hier unmöglich hingehören und für eine glückliche Beziehung nicht verantwortlich sein, so täuschen Sie sich.

Gemeinsame Zeit ist enorm wichtig, sonst kann keine Beziehung auf Dauer funktionieren. Aber auch der eigene Freiraum und diesen ebenfalls gewähren, darf nie vergessen werden. Kein Paar wird auf Dauer glücklich sein, wenn 24 Stunden am Tag niemand anderes als der Partner auf dem Programm steht.

Sicherlich, es ist wunderbar, Nähe und Zuwendung zu spüren, aber trotz allem gibt es da noch das eigene Leben. Hierzu zählen Hobbys, Freunde und andere Aktivitäten, die neben der Liebe glücklich machen und niemals gänzlich eingeschränkt werden sollten.

Denn dann kann diese Nähe schnell zur Enge werden, die dann irgendwann erdrückt und keinen Platz mehr lässt.

Finden Sie ein ausgewogenes Verhältnis und lassen Sie auch Ihrem Partner die Zeit für sich selbst. Vielleicht überlegen Sie sich einen oder zwei Tage im Monat, in denen Sie beide „getrennte Wege“ gehen. So sind beide unterwegs und Sie finden am Abend wieder zusammen. Keiner muss also an einem solchen „Freiraum-Tag“ zu Hause alleine seine Zeit verbringen.

Schätzen Sie die Nähe, aber auch den Abstand!

- **„Ich finde nicht gut, was du machst!“**

Seien Sie jetzt ganz ehrlich zu sich selbst: Wann haben Sie diese Worte in Gegenwart Ihres Partners schon einmal verwendet? Selten, fast nie oder überhaupt noch nicht?

Das ist auch verständlich, denn schnell kann eine solche Aussage den Eindruck erwecken, verletzend zu wirken. Ein Grund, der solche Gedanken lieber schlummern lässt. Innerlich ärgert man sich weiter, aber aussprechen würde man diese Worte ganz sicher nicht! Was soll der Betroffene dann bloß denken!

Auch wenn Sie es nicht glauben möchten: Ihr Partner würde nicht schlecht von Ihnen denken! Denn wer frei heraus sagt, was er denkt (natürlich ist die Wortwahl sehr wichtig), wird nie mit bösen Worten gestraft.

Wenn Sie also am Morgen die Bluse Ihrer Frau nicht passend finden, dann sagen Sie es ruhig in einem liebevollen Ton. Ob sie dann die Kleiderauswahl bedenkt, steht auf einem anderen Blatt, aber Sie haben Ihre Meinung geäußert und waren ehrlich. Und so vermitteln Sie auch gleich das Gefühl, Ihre Partnerin auch wirklich zu sehen und Sie nicht nur neben sich laufen zu lassen.

Gleiches zählt auch für das Essen! Sie lieben die Kochkünste Ihres Partners, aber es gibt einfach gewisse Dinge, die Sie nicht mögen. Natürlich haben Sie Angst, zu verletzen, aber sorgen Sie sich nicht: Es wird nicht passieren. Denn sicherlich ist es schon das eine oder andere Mal aufgefallen, dass Ihnen die Suppe nicht so sehr behagt hat. Sie dürfen es ruhig zugeben!

Ähnliches gilt natürlich auch wieder für das Sexleben. Wenn Ihnen etwas nicht gefällt, dann sprechen Sie es ruhig aus. Denn Sie müssen nichts tun, was Ihnen unangenehm ist.

Wichtig ist immer: Bleiben Sie sachlich und bewahren Sie sich stets einen liebevollen Ton. Somit gehen Sie einen wichtigen Schritt auf eine glückliche Partnerschaft zu.

- **Gemeinsame Pläne**

Glückliche Paare möchten natürlich nur eines: Für immer mit dem Menschen an ihrer Seite zusammenbleiben. Genauso sollte auch die Lebensplanung verlaufen! Pläne werden geschmiedet und das natürlich nicht allein.
Bauen Sie ein Schloss auf Wolken und teilen Sie es mit Ihrer Liebe. Natürlich nur im übertragenen Sinne. Teilen Sie Ihre Gedanken, fügen Sie diese zusammen und planen Sie Ihre Zukunft mit dem anderen.

Nicht nur das eigene Leben braucht feste Ziele, sondern auch die Partnerschaft. So wird es nie langweilig und Sie haben etwas, auf das Sie setzen und hinarbeiten können. Ganz gleich, wie groß und traumhaft Ihre Pläne sind: Gemeinsam können Sie alles schaffen und somit das tun, was glückliche Paare immer wieder erleben!

Genießen Sie diese fantastische Welt gemeinsam und nie mehr allein!

Nach dieser Spurensuche wissen Sie nun, dass alles möglich ist. Wenn Sie diese Dinge beherzigen und für die Liebe kämpfen, steht einer glücklichen Partnerschaft nichts mehr im Wege. Genießen Sie die Zeit gemeinsam, lassen Sie aber auch Freiräume. Wenn Sie dies in Waage halten, sind Sie auf einem sehr guten Weg!

In diesem Sinne: Folgen Sie den Spuren und machen Sie sich auf den Weg!

Regeln für ein gutes Gelingen

Weisungen und Richtungen bestimmen das Leben! Regeln gehören zum Alltag, auch wenn es sich um ganz kleine Abmachungen handelt, die wir gar nicht richtig wahrnehmen. Sie sind doch da und zwar jeden Tag. Sie begleiten uns praktisch auf Schritt und Tritt.

Auch die Liebe braucht Regeln! Es sind Punkte, die für den Erhalt einer Partnerschaft enorm wichtig sind. Werden diese nicht beachtet, gesellt sich der Schiedsrichter hinzu und gebietet Einhalt. Aber wie oft findet dieser den Weg? Wenn die Missachtung zu oft geschieht, ist der Weg vielleicht irgendwann zu weit und die Rettung muss in Angriff genommen werden.

Doch bevor all dies passiert, stehen natürlich die Regeln im Vordergrund. Wenn Sie diese beherzigen, müssen Sie vielleicht auch dem Schiedsrichter nie begegnen!

- **Respekt**

Jeder Mensch möchte respektiert werden. Respekt steht in einer Partnerschaft an oberster Stelle.

Denn wenn dies nicht mehr vorhanden ist, ist jede Beziehung irgendwann zum Scheitern verurteilt.
Wir alle machen im Leben Fehler und niemand ist perfekt. Seien wir doch mal ehrlich: Es wäre doch auch langweilig!

Zur Veranschaulichung dennoch ein Beispiel: Stellen Sie sich vor, Ihr Partner hat am Abend vergessen, seine Kleider auf den sonst üblichen Platz zu legen. Das kann durchaus passieren. Der Tag war anstrengend und eigentlich wollte er nur noch ins Bett. Augen zu und schlafen, um vom Alltag abzuschalten. Sie stehen am nächsten Morgen auf und das was Sie tun, ist, über die Sachen zu stolpern, die auf dem Boden liegen.

Wie reagieren Sie in diesem Moment? Wenn Sie jetzt Ihren Partner mit lautem Geschrei zur Vernunft rufen, bewirken Sie sicherlich, dass die Sachen schnell dort verschwinden, aber mehr auch nicht. Traurigkeit und Unmut sind die Begleiterscheinungen, die eigentlich in einer Beziehung nichts zu suchen haben. Stattdessen reden Sie also in Ruhe mit Ihrem Partner, oder sagen Sie einfach nichts, und räumen Sie es auf! Es kann Ihnen genauso passieren und es ist ja nicht die Regel! Ihr Partner hat kleine Fehler, genau wie Sie und das ist keine Schande.

Vergessen Sie das nie und zeigen Sie Respekt, denn Fehler sind menschlich.

- **Eigenständigkeit**

Dieser Punkt taucht immer wieder auf. Doch er ist sehr wichtig für jede Phase einer Beziehung. Sei es nun als Rettungsanker, Geheimnisse des Glücks oder goldene Regel! Das eigene Leben darf nie vergessen werden. Sie sind Sie selbst und wenn es hart klingt, so gibt es auch ein Leben außerhalb ihrer gemeinsamen Beziehung. Wenn Freunde und Hobbys vernachlässigt werden und nur noch die Zeit zu zweit im Mittelpunkt steht, macht es für den Moment vielleicht glücklich, aber es ist kein Baustein für Langlebigkeit.

Jeder Mensch muss auch einmal ausbrechen können und auch andere Dinge erleben, die zu einem Leben dazugehören und genauso wichtig sind.

Klammern Sie nicht und weisen Sie Ihren Partner darauf hin, wenn es ihm selbst einmal passiert: Leben und leben lassen!

- **Sorgen**

Probleme gehören zum Leben dazu, denn leider ist es kein Wunschkonzert. Sie sind belastend und können schnell die schönen Dinge sehr weit von uns entfernen. Sie belasten nicht nur Sie selbst, sondern auch die Beziehung. Dabei spielt es keine Rolle, ob die Sorgen die Partnerschaft betreffen oder ganz andere Gründe haben.

So vielfältig die Auslöser auch sein können, haben sie doch eine große Gemeinsamkeit: Sie bringen Unruhe und schlechte Stimmung. Schnell können Sie oder Ihr Partner schlecht gelaunt sein und keiner weiß warum, sondern nur der Betroffene selbst.

Aus diesem Grund ist es sehr wichtig, Probleme zu teilen. Sprechen Sie offen und fordern Sie Ihren Partner auf, dies auch zu tun. Manchmal hilft es schon, darüber zu reden, auch wenn keine Lösung gefunden werden kann. Niemand muss Ängste allein tragen und es tut gut, jemanden zu wissen, der in der Nähe ist und den „Rucksack“ auch einmal abnimmt.

Und wer weiß, vielleicht findet sich eine Lösung, die Sie durch Gespräche finden und an die Sie selbst vielleicht nie gedacht hätten. Nur Mut!

- **Nachtragend**

Wie bereits erwähnt: Fehler passieren und kein Mensch auf der Welt ist perfekt. Das wäre auch ein wenig langweilig. Denn gerade diese kleinen Makel zeichnen eine Person doch aus und machen sie zu etwas Besonderem.

Kehren wir noch einmal zu dem „Kleider-Thema“ zurück. Der Partner hat einmal diesen Fehler gemacht. Weisen Sie ihn nicht immer wieder darauf hin. Umgekehrt würde es Ihnen auch nicht gefallen. Irgendwann sollte das Thema auch erledigt sein. Denn es bringt nur schlechte Stimmung in die Beziehung und das tut beiden Seiten in keiner Weise gut.

Akzeptieren Sie die Fehler des Partners so, wie er die Ihren anerkennt. Und verzeihen Sie Dinge, die einmal nicht so gut gelaufen sind. Wenn Sie dies beherzigen, steht einer guten Beziehung nichts mehr im Wege.

- **Spaß**

Arbeit und das jeden Tag: Auch wenn diese Worte wohl eher weniger auf die Liebe passen, gehören sie doch dort hin. Eine Beziehung zwischen zwei Menschen muss gepflegt werden, wie Sie bereits erfahren haben.

Das darf nicht vergessen werden und doch sollte es nicht die Oberhand gewinnen. Denn dann wird eine Liebe schnell zum Kampf und löst Stress aus, der nicht gut ist. Vergessen Sie also den Spaß nicht. Seien Sie kindisch, wenn Sie dazu Lust haben und machen Sie völlig verrückte Dinge, die Sie vielleicht sogar an Ihre Jugendzeit erinnern.

Seien Sie kreativ und unternehmen Sie etwas, was Ihnen beiden große Freude macht. Seien Sie völlig spontan und planen Sie nicht jeden Tag von morgens bis in die Abendstunden durch. Das Leben hält so viel für Sie bereit und auch Ihre Liebe ist es wert, dass sie alles mitnimmt, was es gibt. Denken Sie an Ihre gemeinsamen Auszeiten, die Ihnen immer wieder zeigen werden, wie wichtig der Partner doch für Sie ist!

Eine glückliche Partnerschaft hat nicht viele feste Regeln, aber diese fünf sind von großer Bedeutung. Sie können mit Leichtigkeit in den Alltag integriert werden und können dort, ganz nebenbei, Anwendung finden.

Behandeln Sie also Ihren Partner mit Respekt, denn er ist täglich für Sie da. Versuchen Sie, stückchenweise die schweren Pfade des Lebens gemeinsam zu bestreiten, ohne dabei die Welt außerhalb der Beziehung gänzlich zu vergessen.

Wenn Sie dann auch noch Fehler verzeihen können und gemeinsam Spaß und Freude empfinden, haben Sie alle Regeln erfüllt und es kann Ihnen gelingen, jedes Problem zu lösen!
Keine Mühe ist zu viel und nichts ist vergebens: Denn es geht um Ihre gemeinsame Beziehung!

Das Vermeiden führt zum Glück

Jetzt haben Sie wieder sehr viel über Regeln und Grundsätze erfahren und sicherlich auch erkannt, dass jeder Mensch eine glückliche Beziehung führen kann. Nichts ist unmöglich.
Aber dennoch sind wir mit den Regeln noch nicht am Ende. Denn es gibt natürlich auch Dinge, die Paare vermeiden!

- **Zu hohe Erwartungen**

Glückliche Paare vermeiden es, zu hohe Erwartungen zu haben. Denn wenn diese zu hochgesteckt werden und keine Erfüllung finden, sorgt es sehr schnell für eine schlechte Stimmung in der Liebe. Natürlich dürfen Wünsche geäußert werden, denn jeder Mensch entwickelt sich weiter und jede Beziehung wächst mit den Jahren.

So ist es nicht ungewöhnlich, dass sich Vorstellungen ändern und Kompromisse gefunden werden müssen. Aber nie darf etwas verlangt werden, was eigentlich fast unmöglich ist. Weder von Ihnen, noch von Ihrem Partner. Es sollten immer ganz klar kleine Abstriche gemacht werden. Und wer weiß, vielleicht führt dieses Entgegenkommen auch dazu, dass doch große Wünsche erfüllt werden können.

- **Nicht auseinanderleben**

Dies ist wohl einer der häufigsten Gründe, warum Beziehungen scheitern. Die Jahre vergehen, jeder macht die Dinge, die ihm Spaß machen. Anfänglich gestaltet man diese Hobbys noch gemeinsam, aber irgendwann lässt es die Zeit nicht mehr zu. Sei es nun das Haus oder die Kinder! So gehen beide Seiten „getrennt“.

Ihrem Leben nach und vergessen, was sie einst zusammengeführt hat. Dann dauert es auch gar nicht mehr lange, bis jeder sein Leben lebt und aus diesem Kreis auch nicht mehr ausbrechen möchte oder kann.

Das Paar hat sich somit völlig auseinandergelebt! Damit stellt sich auch schnell die Frage, ob ein Zusammenleben überhaupt noch einen Sinn macht. Schnell gehen sogar die Gesprächsthemen aus und nichts passt mehr zusammen.
Glückliche Paare vermeiden somit ständige Einzelgänge. Gemeinsamkeiten sind gefragt und die Zeit zu nutzen, die Sie miteinander verbringen können. Ganz sicher findet sich etwas, dass Ihnen beiden gefällt.

- **Der Partner wird nie selbstverständlich**

Auch dieser Punkt begegnet uns immer wieder. Doch auch dies hat einen guten Grund. Viel zu schnell schleicht er sich in das Liebesleben ein. Waren es zu Beginn der Beziehung noch kurze Absprachen, so ist es irgendwann völlig klar und selbstverständlich, dass der Partner es auch weiterhin macht.

Ein kleines Beispiel: Kurz, nachdem Sie mit Ihrem Partner zusammengezogen sind, haben Sie gemeinsam entschieden, dass dieser sich um die Reinigung der Fußböden kümmert. Seit dieser Entscheidung sind viele Jahre vergangen. Ihr Partner geht immer noch der Erfüllung nach und für Sie gibt es da auch keine Frage, denn schließlich macht er es immer.

Lob sprechen Sie im Laufe der Zeit nicht mehr aus, aber wenn etwas nicht ganz perfekt ist, können Sie nicht anders und werfen es Ihrem Partner vor. Wie wird dieser sich in einem solchen Moment fühlen? Ganz sicher nicht gut! Ein Wort der Dankbarkeit kann schon wahre Wunder wirken und eine Beziehung positiv beeinflussen. Vermeiden Sie es unbedingt, Dinge, die Ihr Partner immer gemacht hat, jemals als selbstverständlich anzusehen.

- **Kleinigkeiten**

Im Alltag nutzen wir so viele Dinge. Teller, Tassen, Kosmetik, Handtücher und viele andere Sachen. Es ist ein Ein- und Ausräumen, das jeden Tag aufs Neue beginnt.

Auch hier zwei kleine Beispiele: Ihr Partner ist hilfsbereit und würde nie vergessen, seinen Teller mit in die Küche zu nehmen, wenn er mit dem Essen fertig ist. Aber damit reicht es dann auch, denn er stellt ihn stets nur auf die Spülmaschine und nie hinein! Warum macht er das? Es ärgert Sie jeden Tag, aber ist es Grund genug, um sich wirklich darüber aufzuregen? Nein, sicher nicht!

Auch scheint Ihr Partner nie zu merken, dass der Schlüssel zum Feierabend nicht einfach auf die Kommode gelegt werden soll, sondern eigentlich an das Schlüsselbrett gehängt werden muss. So machen Sie es jeden Tag, wenn Sie sich gerade in diesem Bereich des Hauses befinden. Es ist fast schon eine kleine Routine geworden.
Kurzum: Glückliche Paare vermeiden es, sich über derlei Unannehmlichkeiten zu beschweren. Sie gehören dazu und sollten kein Grund sein, um sich zu streiten. Denn das raubt unnötig Energie und Glück.

- **Eifersucht**

Natürlich ist dieses Gefühl in einer Partnerschaft gar nicht so selten. Es kann schon von ganz kleinen Dingen ausgelöst werden. Wenn Ihr Partner z.B. bei einem Bummel durch die Stadt dem anderen Geschlecht freundlich zulächelt, kann es schnell zur Eifersucht ihrerseits führen.

Sie wissen natürlich, dass Sie keine Angst haben müssen, aber dennoch fürchten Sie sich für diesen kurzen Moment und spüren das Stechen im Herzen.

Eifersucht kann sehr viel zerstören und sogar eine gute Beziehung völlig entzweien. Lassen Sie sich nicht durch so kleine Ausflüge verrückt machen. Es gibt keinen Grund. Natürlich dürfen Sie ab und an ein wenig eifersüchtig sein, denn es zeigt auch, wie sehr Sie Ihren Partner lieben. Aber lassen Sie dieses Gefühl nicht zu groß werden.

- **Spionage**

Auch wenn dieses Wort im ersten Moment für Sie sehr belustigend klingen mag, so ist es ein ernstes Thema, dass zu einem großen Vertrauensbruch führen kann. Haben Sie schon einmal daran gedacht, dass Handy Ihres Partners zu durchforsten, oder vielleicht heimlich einen Brief zu öffnen, der nicht an Sie selbst adressiert war?

Auch wenn diese Gedanken manchmal wirklich verlockend sein mögen, sind sie kein Grundstein für eine gute Beziehung. Vermeiden Sie aus diesem Grund unbedingt, derlei Geheimnisse zu erforschen. Handy, Internetprofile und Briefe sollten absolut tabu sein, es sein denn, Ihr Partner hat nichts dagegen und gewährt es Ihnen. Ansonsten lassen Sie den Freiraum, denn sonst könnten Sie schnell den Anschein erwecken, ihm kein Vertrauen mehr zu schenken. Und dem ist doch nicht so, oder?

- **Nicht Reden**

Glückliche Paare reden miteinander und vermeiden das Schweigen. Was jetzt so einfach klingt und doch eigentlich kein Problem sein kann, stellt sich manchmal doch als schwierig heraus.

Es kann immer wieder Probleme geben, die besprochen werden müssen, auch wenn es nicht leicht ist. Doch nicht nur dies ist wichtig, auch das Zuhören und Ausreden lassen ist besonders wichtig. Denn wem gefällt es schon, wenn ihm immer wieder das Wort abgeschnitten wird, oder der vermeintliche Zuhörer etwas anders macht, obwohl er sich eigentlich für die Worte interessieren sollte.

Natürlich ist auch hier ein besonderes Gleichgewicht gefragt. Verlangen Sie nicht, dass Ihr Partner nur Ihnen zuhört und reden Sie nicht pausenlos, ohne ihn zu Wort kommen zu lassen. Denn schließlich möchte auch er etwas erzählen und seine Belange mit Ihnen teilen. Es ist nicht schwer, eine gemeinsame gute Kommunikation zu finden, aber manchmal braucht es ein wenig Geduld. Doch mit der Zeit wird es immer leichter und Sie werden sich blind verstehen!

In diesem Sinne: Vermeiden Sie das Nicht-Reden.

- **Probleme verkleinern**

Wie Sie bereits wissen, ist es sehr wichtig, Konflikte in der Beziehung ernst zu nehmen und darüber zu reden. Versuchen Sie, Kritik nicht als schlecht anzusehen, sondern als Hilfe, um gewisse Dinge verbessern zu können oder zu verändern.

Bringen Sie dies auch Ihrem Partner näher, wenn er Sie einmal falsch verstanden haben sollte. Dann haben Sie eine gute Grundlage, um über Ihre gemeinsamen Probleme zu reden. Seien Sie ehrlich und nehmen Sie jede noch so kleine „Störung“ in Ihrer Liebe wirklich ernst. Versuchen Sie auch, nichts „auf die lange Bank zu schieben“, sondern so schnell wie möglich Ihre Sorgen zu besprechen.

Denn sonst kann es schnell passieren, dass aus einem kleinen Problem ein großes wird, oder sich Ängste ansammeln, die erst gar nicht entstehen hätten müssen. Spielen Sie nichts herunter und reden Sie auch nichts kaputt. Auch das ist durchaus möglich. Wenn wir stundenlang auf einer Tatsache beharren und nicht loslassen können, kann dies auch schnell negative Folgen haben.

Wichtig ist also, Probleme nicht zu zerreden, bis sie in alle Einzelteile zerfallen. Betrachten Sie ihre Sorgen immer als ein großes Ganzes, um das Sie sich gemeinsam als Paar kümmern müssen, bevor es zerbricht. Denn ist dies einmal geschehen, ist ein Zusammensetzen oft sehr schwierig und macht es nur noch viel größer und unüberwindbarer.

- **Kein Körperkontakt mehr**

Was zu Beginn einer Beziehung zum Alltag dazugehörte, kann mit den Jahren schnell an Gewicht verlieren. Stress und Trubel lassen Zärtlichkeiten oft in den Hintergrund rutschen und werden auf kleine Momente beschränkt, wenn es überhaupt noch regelmäßig wichtig erscheint. Überlegen Sie doch einmal selbst: Wann haben Sie das letzte Mal mit Ihrem Partner auf einer Parkbank gesessen und dabei seine Hand gehalten?

Oder wann haben Sie bei einem Stadtbummel einfach die Hand des anderen genommen, um die Nähe zu spüren? Vielleicht ist es schon länger her und es ist Ihnen jetzt gerade erst aufgefallen. Dann ist es an der Zeit, zu handeln. Der nächste Spaziergang wird sicherlich nicht zu lange auf sich warten lassen und in diesem Augenblick ergreifen Sie Ihre Chance.

Spüren Sie die Nähe und erleben auch Sie wieder das Gefühl des liebevollen Umgangs und der Wertschätzung. Sie merken schon: Körperlichkeit muss nicht immer nur durch Sex zum Ausdruck gebracht werden!

Auch die kleinen Zärtlichkeiten können sehr viel bewirken und sind für die Liebe wichtig. Vergessen Sie es nie und vermeiden Sie das Abdriften in die falsche Richtung.

- **Sex entsagen**

Die schönste Nebensache der Welt gehört bei Paaren zum Leben dazu. Mit den Jahren nimmt die Häufigkeit dieser Intimität ab und das ist auch völlig normal und hat nichts mit einer eingeschlafenen Liebe zu tun. Wichtig ist, dass es überhaupt stattfindet und natürlich für beide Seiten eine Erfüllung bedeutet.

Wenn es zum Zwang wird, oder nur eine Seite Freude daran hat, sollte unbedingt etwas verändert werden. Sind also Sie mit Ihrem Liebesleben einmal nicht so zufrieden, dann sprechen Sie Ihren Partner darauf an und zeigen Sie Ihr Unbehagen nicht durch Entsagen. Schnell kommt so Ihre Beziehung ins Wanken und Ihr Partner ins Grübeln, ob Sie ihn nicht mehr attraktiv finden. Lassen Sie es nicht soweit kommen und spenden Sie ihm Aufmerksamkeit, wie es auch Ihnen selbst gefallen könnte!

- **Stur sein**

Kennen Sie Menschen, die nur auf ihrer Meinung beharren und keine Gedanken von anderen Menschen in ihr Leben lassen? Derlei Personen können schnell anstrengend werden und manchmal ist man sogar froh, wenn sich die Wege wieder trennen.

Wie fügt sich dann eine solche Eigenschaft in eine Beziehung ein? Sicherlich ist es für Sie jetzt kaum vorstellbar. Und Sie haben auch recht: Es ist mehr als schwer, auf Dauer mit einem sturen Menschen glücklich zu sein.

Das heißt natürlich nicht, dass sie stets die Meinung Ihres Partners teilen müssen. Auch das kann schnell in die falsche Richtung laufen und Sie vermitteln den Eindruck, dass Sie keine eigenen Ideen und Wünsche haben. Genauso sollten Sie es vermeiden, etwas prinzipiell und immer mit den Worten „Niemals“ zu verneinen. Dieses Wort hat mehr Kraft, als Sie es sich vielleicht vorstellen können.

Verletzen Sie den Partner mit solchen Worten nicht, sondern sagen Sie stattdessen „Heute nicht“. Das klingt doch gleich ganz anders, oder?

Kurz gesagt: Versuchen Sie, Kompromisse zu finden und auch mal eine andere Meinung zuzulassen. Das ist für eine gute Beziehung wichtig und eine ständige Sturheit hat dort nichts zu suchen. Denn diese Eigenschaft bringt die andere Seite sehr schnell in Rage und verursacht eine schlechte Stimmung.

- **Nicht auf das eigene Äußere achten**

Können Sie sich noch an Ihr Single-Dasein erinnern? Sicherlich haben Sie in dieser Zeit, gerade wenn Sie unter Leute gegangen sind, sehr auf Ihr Aussehen geachtet. Schließlich hätte es ja sein können, dass Ihnen der potenzielle Partner über den Weg läuft. Natürlich haben Sie auch dann einmal mehr in den Spiegel geschaut, wenn Sie feiern gegangen sind. Ganz gleich, ob nun tatsächlich auf Beziehungssuche oder nicht: das Aussehen spielte ohne Partner eine wichtige Rolle.

In der Anfangszeit einer Beziehung war dies auch weiterhin so. Sie möchten Ihrer Liebe gefallen, sie überraschen und freuen sich natürlich auch über jedes Kompliment. Mit der Zeit kehrte der Alltag ein, manchmal fehlte die Zeit und manchmal aber auch einfach die Lust, bis Sie sich sagten, dass Sie jetzt in einer festen Beziehung sind, warum sollte ich mich jetzt noch aufbrezeln?

Doch das ist ein Trugschluss. Ihr Partner freut sich nach wie vor, wenn Sie gepflegt sind und auf sich achten! Denn Ihnen gefällt es doch auch, wenn Ihr Gegenüber sich Mühe gibt.

Das im Laufe der Jahre das Schönmachen nicht mehr im Vordergrund steht, ist sogar wissenschaftlich erwiesen. Es sagt aber nicht, dass Sie es völlig einschränken sollten. Lassen Sie sich also nicht gehen und denken Sie jeden Tag daran, dass auch Sie einen gepflegten Menschen an Ihrer Seite haben möchten.

Achten Sie also darauf, nicht zu sehr in einen Trott zu verfallen, aus dem es irgendwann kein Entkommen mehr gibt. Natürlich bleibt nicht alles so rosa wie am ersten Tag, aber diese Anfangszeit sollte auch nie vergessen werden. Überlegen Sie immer, was auch Sie verletzen könnte und was Ihnen selbst gefällt. Wenn Sie sich dies immer wieder vor Augen führen, steht einer liebevollen Partnerschaft nichts mehr im Weg.

Man muss glücklich sein, um glücklich zu machen. Und man muss glücklich machen um glücklich zu bleiben.

-Maurice Maeterlinck-

4) Kapitel: Mit Ernährung zur Erfüllung

Liebe geht bekanntlich durch den Magen! Jede Beziehung löst einen Hunger aus, der ganz besonderer Art ist. Wie dieser „Durst“ gestillt wird, weiß natürlich der Mensch, der sich in ebendieser Partnerschaft befindet, am besten.

Doch nicht immer geht es um den Hunger nach Liebe und die große Lust auf den Partner, auch wenn es gerade zu Beginn die einzige Ernährung ist, die Liebende benötigen.

Gemeinsame Zeit durch Essen und Trinken

Denn eines ist ganz klar: Niemand kann ohne die normale und tägliche Ernährung leben. Wo wäre denn dann die Energie, die Sie brauchen, um sich voll und ganz auf Ihre Beziehung zu konzentrieren und alles zu geben?

Essen ist ein wunderbarer Weg, um Zeit mit Ihrem Partner zu verbringen. Denn schon seit Menschengedenken verbindet Ernährung. Niemand möchte allein sein und sein Essen einsam am Tisch verzehren. Jeder sehnt sich doch nach einem Menschen, der ihm Gesellschaft leistet, gerade wenn eine Beziehung gelebt wird.

Es können Probleme des Tages besprochen werden, seien diese privater Natur, oder beruflich bedingt. Vielleicht finden Sie so genau die Lösung, die Sie schon den ganzen Tag gesucht haben. Bei einem gemeinsamen Essen hat auch Ihr Partner die Möglichkeit, genauer über Sorgen nachzudenken und Ihnen einen Tipp zu geben, der wieder Mut macht.

Doch auch das Glas Wein in den Abendstunden eignet sich wunderbar, um noch näher zusammenzurücken. Wenn Sie es nicht direkt nach dem Abendessen trinken möchten, so können Sie es mit einem schönen Abend vor dem Fernseher kombinieren. Kuscheln Sie mit Ihrem Partner und fühlen Sie nach einem anstrengenden Tag genau die Nähe, die sie beide gesucht haben.

So haben Sie bereits am Morgen etwas, auf was Sie sich freuen können, auch wenn der Tag noch so viele Herausforderungen für Sie bereithält.

Sehen Sie glücklich den Abendstunden entgegen und freuen Sie sich auf ein gemütliches Essen in den eigenen vier Wänden, oder ein Glas Wein auf dem Sofa: denn Ernährung verbindet!

Kochen für die Kraft der Liebe

Doch natürlich muss es nicht unbedingt so ablaufen, dass Sie sich an den Tisch setzen und alles ist schon vorbereitet, auch wenn es vielleicht die Art Ihres Partners ist, Sie so zu verwöhnen. Umgedreht sieht es genauso aus!

Kochen Sie doch gemeinsam und fangen Sie ganz am Anfang an. Hierzu kann sogar schon die Überlegung am Morgen zählen, was abends gekocht wird. Jonglieren Sie mit Ideen und finden Sie heraus, auf was Sie beide nach einem langen Tag richtig Lust hätten. Vielleicht kommen Sie sogar auf ein Gericht, das es schon lange nicht mehr gegeben hat, oder was Sie völlig neu entdecken!

Lassen Sie Ihrer Fantasie freien Lauf. Haben Sie mit Ihrem Partner eine Wahl getroffen, können Sie sogar gemeinsam einkaufen gehen. Schreiben Sie eine Einkaufsliste, stellen Sie das Rezept nach Herzenslust um und lachen Sie dabei gemeinsam.

Seien Sie gespannt, wie das Endprodukt schmeckt und aussieht. Ist der Einkauf besorgt, ist selbstverständlich das Kochen an der Reihe. Hierbei können Sie sich natürlich nicht nur über das Kochen selbst unterhalten, sondern auch über ganz andere Dinge, ähnlich wie beim gemeinsamen Essen.

Der Vorteil bei dieser zweiten Variante ist jedoch, dass Sie viel mehr Zeit mit Ihrer Liebe verbringen können (vorausgesetzt, Ihr Alltag lässt es zu, doch diese Entscheidung können Sie am besten selbst treffen).

Entdecken Sie auf diese Weise auch, wie viel Spaß das Kochen machen kann. Vielleicht stehen Sie selbst gar nicht so gerne am Herd und bevorzugen einen schnellen Imbiss, weil Sie viel unterwegs sind. Oder Sie legen die Essensversorgung in die Hände Ihres Partners: Ändern Sie dies und nutzen Sie gemeinsame Zeit auf völlig andere Art und Weise. Kochen sie beide ein gesundes und leckeres Essen, das einfach nur Lust auf mehr macht.

Vielleicht entdecken Sie auf diese Weise sogar eine versteckte Freude fürs Kochen und können etwas an Ihrer Beziehung ändern, indem Sie von nun an mit Ihrem Partner gemeinsam den Platz in der Küche einnehmen.

Ganz gleich, auf welche Gedanken Sie das Kochen bringt: Es führt Sie und Ihre Liebe noch enger zusammen, Ihre Liebe geht wortwörtlich durch den Magen und Sie entdecken vielleicht sogar noch neue Interessen für ihre Zukunft zu zweit.

Ein Abend, an einem anderen Ort

Doch nicht nur das Leben in den eigenen vier Wänden und das Essen am Tisch im Wohnzimmer führen enger zusammen. Wenn schon dies für Schmetterlinge und große Gefühle sorgt, wie sieht es dann mit einem Abend im Lieblingsrestaurant aus? Hier gibt es Köstlichkeiten, die Sie selbst zu Hause vielleicht nie zubereiten könnten. Wahre Gaumenfreuden werden Sie erwarten und entführen Sie in eine völlig andere Welt: Eine Welt voller Genüsse und kulinarischer Erfüllungen, die Sie nur selten erleben können. Denn nicht umsonst ist das ausgewählte Restaurant Ihr Stammlokal.

Auch hier fangen das große Zusammensein und Freude schon viel eher an. Wie wäre es, wenn Sie Ihren Partner überraschen und ihm nur sagen, dass Sie etwas für das Wochenende oder den Abend geplant haben? Dass Sie mit der Auswahl des Ortes genau richtig liegen, wissen Sie natürlich nur zu gut.

Sorgen Sie für große Freude und Überraschung, wenn Sie Ihr Auto auf dem bekannten Platz parken. Sie können sich sicher sein, dass sich Ihre große Liebe schon jetzt auf das leckere Essen und einen guten Wein freuen wird. Wer weiß, vielleicht haben Sie das Restaurant auch gewählt, weil es bekannt für eine ganz bestimmte Köstlichkeit ist.

Lassen Sie einfach Ihre Seele baumeln und genießen Sie einen wunderschönen Abend zu zweit. Denn auch, wenn das gemeinsame Kochen zu Hause ebenfalls viele Vorteile hat, so kann auch eine solche Abendgestaltung mit vielen Vorzügen glänzen, wie Sie bereits wissen. Sie beide brauchen sich nur an einen herrlichen gedeckten Tisch setzen und bei Kerzenschein eine Auswahl treffen. Und wer weiß, was der Abend noch so bringt! Nicht selten wurde im Kerzenschein des Lieblingsrestaurants schon die Frage aller Fragen gestellt!

Das Leben steckt voller Überraschungen und schöner gemeinsamer Momente.

Die neue Diät: Gemeinsam zum Erfolg

Ihr Partner fühlt sich nicht mehr wohl in seiner Haut und mehr als einmal hat er versucht, eine Diät zu beginnen. Das Sie ihn lieben, wie er ist, steht außer Frage. Und genau aus diesem Grund möchten Sie den Menschen an Ihrer Seite auch glücklich und zufrieden sehen.

Wenn es also kein übertriebenes Schönheitsideal ist, was Ihr Partner verfolgt, dann unterstützen Sie ihn. So gut wie jede Diät macht dies prinzipiell möglich und geteiltes Leid ist schließlich auch halbes Leid. Denn sicherlich ist es nicht immer leicht, gerade auf die leckeren Dinge zu verzichten, die sonst zum täglichen Leben gehörten! Kein Kuchen mehr am Nachmittag und keine Pizza am Wochenende, auch wenn der Appetit noch so sehr danach ruft (selbstverständlich kommt es immer auf die Diät selbst an).

Machen Sie Ihrem Partner in einem solchen Fall Mut und sagen Sie ihm: „Schatz, schau, ich muss auch verzichten! Wir schaffen das schon: gemeinsam!“. Ist das nicht ein schöner Gedanke? Sie werden merken, wie schnell das liebevolle Lächeln auf Ihrer Seite ist und wie sie durch den gleichen Verzicht noch enger zusammenwachsen.

Versuchen Sie aber, Mahlzeiten nicht ganz zu streichen. Nicht nur, weil es für den Körper selbst nicht immer gut ist, sondern auch, weil auf diese Weise kostbare Zeit miteinander verloren gehen kann.

Setzen Sie sich zusammen an einen neuen Ernährungsplan. Dabei spielt es keine Rolle, wie genau diese neuen Essgewohnheiten aussehen. Vielleicht streichen Sie nur einige Produkte von ihrem Plan oder verzichten ab jetzt komplett auf Fleisch oder industriell hergestellten Zucker. Denn auch wenn Ihnen die neue Idee Ihres Partners noch so abwegig vorkommen mag, versuchen Sie es, und stehen Sie ihm zur Seite.

Ein gutes Körpergefühl braucht jeder Mensch. Ist dies nicht vorhanden, kann es schnell unangenehme Konsequenzen für jede Beziehung haben. Wichtig ist jedoch aber auch, sich mit der täglichen Ernährung auf einer Ebene zu befinden. Denn nur wer satt und zufrieden ist, kann auch Glück und Freude empfinden und dieses natürlich auch weitergeben.

Geben Sie Ihrem Partner Halt und vermitteln Sie Mut, wenn dieser die Pfunde nicht purzeln sieht, oder es scheinbar einen Stillstand gibt.

Ermuntern Sie immer wieder, weiterzumachen und nicht aufzugeben. Das Ziel ist zum Greifen nah und Sie werden es gemeinsam schaffen. Irgendwann blicken Sie auf eine Zeit zurück, die vielleicht nicht immer einfach war, aber doch für die Erfüllung eines ganz neuen Lebens steht. Meistern Sie gemeinsam die Hürden des kulinarischen Verzichts!

Gemeinsam gesund bleiben

Sie hören es immer wieder: Wie oft werden Paare durch das Schicksal getrennt, weil der liebende Partner plötzlich krank geworden ist. Manchmal ist es einfach das Leben, welches einer Beziehung einen traurigen „Strich durch die Rechnung" machte.

Doch nicht immer ist es der pure Zufall. Manchmal kann auch ein ungesunder Lebensstil zu Erkrankungen führen, die eine Liebe nicht gleich auseinanderreißen, aber zu starken Beeinträchtigungen führen kann. Übergewicht und Diabetes können z.B. Folgen einer falschen Ernährung sein. Oft sind zu viele Fette schuld, aber auch ein hoher Konsum an Zucker kann jedem Menschen mit der Zeit schaden, auch wenn er sonst immer kerngesund war.

Lassen Sie diesen Einschnitt in Ihrer Partnerschaft nicht zu und kosten Sie von einem Leben, das noch so viele Überraschungen bereithält. Denken Sie an die vielen Unternehmungen, die Sie noch miteinander teilen möchten. Vielleicht wandern Sie gerne oder verreisen viel! Dies kann jedoch nur für beide Seiten auch mit Freude funktionieren, wenn der Partner gesund ist und es noch lange bleibt.

Nehmen Sie sich also die Zeit und schauen Sie sich Ihren Lebensstil einmal ganz genau an. Gibt es Dinge, die Sie verbessern können, natürlich zusammen mit Ihrem Partner? Scheuen Sie sich nicht und reden Sie offen über Ihre Gedanken. Denn es geht um ein gemeinsames Leben, das noch viele Jahre Bestand haben soll! Auch hier zählt es, immer wieder Mut zu machen und auch an schlechten Tagen auf das zu blicken, was noch vor ihnen beiden liegt. Denken Sie an die vielen schönen Stunden, die noch auf sie beide warten und setzen Sie sich ein klares Ziel: Gemeinsam alt werden!

Vielleicht kommt irgendwann mit dem Alter einmal die Zeit, in der es nicht mehr ganz so wichtig ist, was Sie und Ihr Partner essen. Aber in diesen Momenten können Sie sich die Hand reichen, nach Herzenslust schlemmen und sich sagen: „Wir haben alles genau richtig gemacht!

Denn das Altwerden zusammen zu erleben, ist das wichtigste Gut in jeder Beziehung."

Kurzes Fazit

Essen verbindet und das in allen Lebenslagen. In Höhen und Tiefen einer jeden Partnerschaft hat die Ernährung einen hohen Stellenwert. Manchmal wird dieser Verzehr von Nahrung aber leider vergessen, weil Probleme die Oberhand gewinnen. Aber auch diese sind irgendwann geklärt und dann löst ein gutes Essen wieder große Glücksgefühle in der Magengegend aus.

Gemeinsame Zeit ist wichtig und auch, wenn der Alltag noch so eng strukturiert ist, darf das Essen nicht vergessen werden. Verbinden Sie das Nützliche mit dem Angenehmen und schwingen Sie noch heute gemeinsam den Kochlöffel. So können Sie Zutaten durchdachter auswählen, gesünder leben und haben auch noch jede Menge Spaß und Freude: weil Sie mit Ihrem Partner zusammen sein können.

Fürchten Sie sich nicht vor der verstrichenen Zeit, auch wenn das ruhige Essen bedeutet, später ins Bett zu gehen und somit weniger Schlaf zu bekommen.

Sie werden schon bald merken, wie positiv sich eine gute und ausgewogene Ernährung auf Ihren Körper auswirken kann! Sie werden eine völlig neue Lebensqualität erfahren und das schon in den ersten Sekunden nach dem Aufstehen! Kaum zu glauben?

Dann probieren Sie es doch sofort aus! Sie werden überrascht sein, was passiert.

Jeder Tag kann etwas ganz besonders sein und noch am Morgen werden Sie von dem leckeren Essen des vergangenen Abends schwärmen können. Ganz gleich, ob es im Zuge einer Diät oder einer anderen Ernährungsumstellung erfolgt.

Genießen Sie das Leben und die Liebe in vollen Zügen. Geben Sie Ihrem Körper das, was er benötigt, um fit und vital zu bleiben: ein Leben lang. Bleiben Sie gesund und teilen Sie diese positive Eigenschaft auch mit Ihrem Partner! Denn Sie möchten gemeinsam das Glück kosten und sollten keinen Tropfen davon verschwenden!
In diesem Sinne: Auf das Leben und guten Appetit!

Liebe ist die süße Nahrung des Glücks.

-Franz Schmidberger-

5) Kapitel: Nie zurücklehnen

- ***Nichts ist selbstverständlich: schon gar nicht die Liebe***

Die Selbstverständlichkeit ist Ihnen in diesem Buch schon des Öfteren begegnet. Aber noch ist es nicht genug. Denn sie ist von so großer Wichtigkeit, dass ihr nicht genug Raum gegeben werden kann.

Egal, wie viele Jahre Ihr Partner an Ihrer Seite ist und wie lange er gewisse Dinge schon erledigt: Sehen Sie ihn selbst und nichts, was er tut, als selbstverständlich an.
Denn es ist z.B. in keiner Weise seine Aufgabe, jeden Abend mit dem Essen auf Sie zu warten. Auch die Kinderbetreuung ist es nicht, genauso wenig wie das tägliche Holen der Post, um auch die kleinen Dinge des Alltags anzusprechen.

Denn der geliebte Mensch an Ihrer Seite macht all das nicht nur, um seinen Pflichten nachzukommen, sondern auch, um Sie glücklich zu sehen. Er macht all dies, weil Sie andere Aufgaben zu bewältigen haben und nicht an jedem Ort gleichzeitig sein können.

Stellen Sie sich vor, wie würde Ihr Leben aussehen, wenn Sie all das, was Ihr Partner immer wieder für Sie tut, auch in Ihren Aufgabenbereich fallen würde? So bliebe bestimmt keine Zeit mehr für ein paar gemütliche Stunden der Zweisamkeit, oder um Ihr Hobby zu verfolgen!

Vergessen Sie diese Tatsache nie! Denn schleicht sich einmal die Selbstverständlichkeit ein, ist es nur schwer, sie wieder loszuwerden. Und dennoch: Ist sie einmal ein täglicher Begleiter, ist es nicht zu spät. Spüren Sie diese Form der Tristheit auf und reden Sie mit Ihrem Partner über Ihre Bedenken.

Gemeinsam sind Sie bald wieder zu zweit: Ohne die störende Selbstverständlichkeit.

Wertschätzung kann erlernt werden

Gehen wir nun über zu einem Punkt, der mindestens genauso wichtig ist wie der zuvor besprochene: **die Wertschätzung.** Zu gerne würden Sie Ihrer Liebe dieses gute Gefühl übermitteln. Aber Sie wissen einfach nicht, wie Sie es richtig machen? Keine Sorge, so wie viele Dinge im Leben können Sie auch die Wertschätzung erlernen. Es ist gar nicht so schwer!

- ***Begeben Sie sich auf eine Ebene***

Betrachten Sie sich nie als etwas Besseres und behandeln Sie nie Ihren Partner von oben herab! Kein Mensch auf der Welt hat ein solches Verhalten verdient! Sicher, es kann immer wieder in einer Liebe zu Unstimmigkeiten kommen, aber anschreien und herablassende Worte bringen hier niemanden weiter. Zeigen Sie Verständnis, versuchen Sie sich in den Partner hineinzuversetzen und betrachten Sie seinen Standpunkt. Begeben Sie sich auf Augenhöhe.

- ***Lächeln***

Es ist kaum zu glauben, wie viel ein Lächeln auslösen kann. Es steht für Sympathie, Zuneigung und Wärme. Alle Gefühle, die für eine Beziehung natürlich äußerst wichtig sind. Wenn Sie ein Lächeln ein paar Mal am Tag teilen, sind Sie auf einem wunderbaren und richtigen Weg.

- ***Reichen Sie Ihre Hand***

Wann haben Sie das letzte Mal die Hand Ihrer Liebe berührt? Wie im vorangegangenen Kapitel beschrieben, verliert gerade diese Geste mit der Zeit leider an Bedeutung.

Auch wenn es für Sie vielleicht nur eine beiläufige Geste darstellt und Sie deswegen darauf verzichten, bedeutet es so viel mehr.

Berühren Sie ab und zu die Hand Ihres Partners und Sie lassen ihn spüren, wie wertvoll dieser für Sie ist. Es müssen nicht immer Worte sein, manchmal reicht auch eine kurze Berührung und sagt mehr als alles andere.

- ***Eine Umarmung schenken***

Auch wenn diese Geste eigentlich eindeutig ist, so gerät sie in einer langjährigen Partnerschaft und einem vollen Alltag manchmal in Vergessenheit. Machen Sie diesen Fehler nicht und nehmen Sie Ihren Partner in den Arm. Sei es nun zur Begrüßung oder einfach so: Sie sorgen für ein Leuchten in den Augen. Denn auch wenn Sie nichts sagen, übermitteln Sie somit, dass der Mensch in Ihren Armen für Sie etwas ganz Besonderes ist.

- ***Überraschungen***

Sicherlich kommt Ihnen das jetzt bekannt vor: Genau, Sie haben es schon einmal gelesen! Aber es gehört auch hier her und gehört zur Wertschätzung einfach dazu. Überraschen Sie mit kleinen Dingen, das allein reicht schon aus und zeigen Sie Ihrem Gegenüber, dass Sie immer noch glücklich mit ihm sind und sein Handeln schätzen.

Sie sehen also, Wertschätzung zu übermitteln ist gar nicht so schwer und vielleicht machen Sie dies im Alltag bereits und es ist Ihnen bis heute noch gar nicht so sehr bewusst gewesen. Wenn dies nicht der Fall sein sollte, dann fangen Sie noch heute damit an. Es ist nicht schwer, braucht manchmal ein wenig Überwindung (je nach Person), aber das Ergebnis ist wundervoll und wird Ihnen jede kleine Tat danken!

Schätzen Sie die Liebe Ihres Partners, denn sie ist es jede einzelne Sekunde wert! Auch wenn es, wie in jeder zufriedenen Bindung, auch Streitigkeiten gibt, ist das gute Gefühl immer da. Manchmal ist es einfach nur nicht zu erkennen oder wird von schlechten Erfahrungen überschattet. Doch es verschwindet nie einfach so!

Die schwierigste Zeit in unserem Leben ist die beste Gelegenheit, innere Stärke zu entwickeln.

-Dalai Lama-

Schlusswort

Liebe, Zärtlichkeit und Sex gehören genauso zu einer langjährigen Beziehung wie Wertschätzung, Respekt und lange Gespräche.

Nicht immer besteht die Welt aus rosa Wolken, auch wenn diese beim Kennenlernen gar nicht mehr weichen wollen. Es ist unheimlich wichtig, diese Glücksgefühle zu pflegen und nie davon auszugehen, dass sie für immer bestehen.

Menschen verändern sich, nicht immer haben sie noch genau die Interessen, mit denen man sie kennengelernt und sich später in sie verliebt hat. Wichtig ist es, diese Tatsache zu akzeptieren und nie davon auszugehen, dass alte Gewohnheiten wieder aufgenommen werden müssen.

Das müssen sie nämlich nicht. Versuchen Sie, auf Ihren Partner zuzugehen und Kompromisse zu finden, wenn Sie mit gewissen Dingen wirklich nicht umgehen können. Fügen Sie sich nicht, aber gehen Sie auch mit Bedacht vor. Über alle Belange sollte geredet werden. Denn wer schweigt, kann seine Beziehung schnell an einem seidenen Faden vorfinden.

Doch auch dann ist noch nichts zu spät. Es lohnt sich immer für die Liebe zu kämpfen. Geben Sie nicht auf und retten Sie Ihre Beziehung. Nicht gleich aufgeben und versuchen, alles wieder zum Guten zu wenden, sollte Ihre Devise sein.

Schließlich besteht jede Liebe aus Höhen und Tiefen. Manchmal kann es eben auch vorkommen, dass die Tiefen scheinbar Ihre Bindung überschatten und nichts anders mehr auf Sie zu warten scheint. Es kommen auch wieder gute Zeiten. Sie müssen nur ganz fest daran glauben und etwas dafür tun. Wenn Sie zusammen mit Ihrem Partner an einem Strang ziehen, dann ist das Band der Liebe, das sie gemeinsam so fest geknüpft haben, bald wieder ohne Risse.

Sie dürfen nie den Mut verlieren und immer daran glauben, dass auch sie wieder zu den glücklichen Paaren zählen können. Was sie beide einst waren, können Sie auch in der Zukunft wieder sein. Aber es braucht Zuwendung und jeden Tag ein bisschen Arbeit.

Vergessen Sie nie, was Ihnen Ihr Partner jeden Tag gibt. Ein solches Wissen ist von großer Bedeutung und der Träger einer guten und langjährigen Beziehung.

Probleme und Sorgen können manchmal das Leben bestimmen. Es kann auch vorkommen, dass es keine andere Möglichkeit gibt, als einfach einen anderen Weg zu gehen und aufzugeben. Doch bei der Liebe ist es anders! Sie führt uns durch unser Leben und ohne sie wäre ein Dasein nicht denkbar. Seien Sie dankbar für jeden Tag und kämpfen Sie! Auch wenn es manchmal schwer erscheint: die Liebe ist jeden Kampf wert!

Egal wie unüberwindbar Ihre Probleme scheinen und ganz gleich, wie oft Sie der Meinung sind, dass alles keinen Sinn mehr macht: Denken Sie in solchen Momenten immer an die guten Momente zurück. Sie waren einmal da und sie können wieder zurückkehren.

Wir Menschen neigen nicht selten viel zu schnell dazu, aufzugeben. Dabei haben wir noch nicht einmal angefangen, richtig zu kämpfen. Das Meer der Möglichkeiten ist unendlich groß und jede einzelne Variante ist es wert, dass sie ausprobiert wird. Merken Sie noch in der Anfangsphase, dass es nicht zum Erfolg führt, ärgern Sie sich nicht darüber und probieren Sie die nächste Möglichkeit aus, die vielleicht schon ein großes Wunder bewirken kann. Das Leben ist einfach zu kurz, um es mit Streit zu verbringen!

Und wenn es einmal gar nicht weiterzugehen scheint, vergessen Sie nicht, dass es sich schließlich um das wohl schönste Gefühl der Welt handelt. Nicht allen Menschen auf dem Planeten ist es gegönnt, aber Sie erleben es und konnten bereits so viel in Ihrem Herzen einschließen und es dort bis in die Ewigkeit verwahren! Ist es nicht wundervoll, dies von sich zu behaupten!

Und nun seien Sie einmal ganz ehrlich zu sich selbst: Reicht nicht schon allein diese Gewissheit aus, um nie aufzugeben und jeden Tag etwas für die Liebe zu tun?

Leben Sie die Liebe und die Liebe lebt mit Ihnen!

Mit guten Eigenschaften kann jeder zusammenleben. Nur zu leicht vergessen wir, dass der Andere ebenso unvollkommen ist, wie wir selbst.

-Zenta Maurina-

ENDE

Haftungsausschluss:

Die Benutzung dieses Buches und die Umsetzung der darin enthaltenen Informationen erfolgt ausdrücklich auf eigenes Risiko. Der Autor kann und wird für Schäden jeder Art, die sich durch Anweisungen dieses Buches ergeben, keine Haftung, oder juristische Verantwortung übernehmen.

Alle Inhalte wurden sorgfältig recherchiert und beruhen auf den eigenen Erfahrungen des Autors. Es kann keine juristische Verantwortung sowie Haftung in irgendeiner Form für fehlerhafte Angaben und daraus entstandenen Folgen vom Autor übernommen werden. Der Autor übernimmt keine Haftung für Inhalte auf erwähnten und verlinkten Quellen.

Rechtliches:

Impressum

1.Auflage

Kontakt: Angermann Thomas, Dorfstraße 9, A-6123 Terfens

Printed in Poland
by Amazon Fulfillment
Poland Sp. z o.o., Wrocław

56008458R00073